AF567299

Ute Ludwig

DÖRREN IN ROHKOSTQUALITÄT

Kochen und backen unter 42 °C

DAS STECKT IM BUCH

WAS IST ROHKOST – EINE KLEINE EINFÜHRUNG

Immer mehr Menschen interessieren sich für alternative Ernährungsformen, wobei die Rückkehr zu möglichst naturbelassener und pflanzlicher Kost in den letzten Jahren großen Aufschwung erfahren hat.

In der Evolutionsgeschichte des Menschen nimmt die Rohkost-Ernährung den größten Teil ein, denn der Mensch aß über viele Jahrtausende, was er in der Natur vorfand, ohne es vorher zu verarbeiten bzw. zu kochen, zu braten oder zu backen. Entsprechend – so sagen die Befürworter der Rohkost-Ernährung – sind die Menschen von ihrem Verdauungs- und Stoffwechselsystem an diese Ernährungsform am besten angepasst. Auch wenn wir Menschen uns bereits an Gekochtes gewöhnt haben, so tut ein hoher Rohkost-Anteil von mindestens 70 Prozent den meisten Menschen sehr gut. Phasen der ausschließlichen Rohkost reinigen den Körper und klären den Geist. Rohkost liefert unserem Körper lebendige Nahrung, so wie sie in der Natur vorkommt. Unverfälscht enthält Rohkost alle wichtigen Nährstoffe, die unser Organismus benötigt. Erhitzt man Lebensmittel, so verändern sie sich nicht nur in ihrem Aussehen und in ihrem Geschmack, es gehen auch wichtige Vitalstoffe verloren. Dazu gehören hitzelabile Vitamine, wie das kaum zu unterschätzende Vitamin C, das wertvolle Grün der Pflanzen, Chlorophyll und viele andere sekundäre Pflanzenstoffe und ungesättigte Fettsäuren. Auch Enzyme sind sehr hitzelabil. Werden Enzyme in der rohen Nahrung zerstört, so muss der Körper sie selbst bereitstellen – ein Kraftakt, der zum Raubbau am eigenen System führt. Ungünstig sind auch denaturierte Proteine, bei denen es dem Körper nicht gelingt diese in ihre Bestandteile, den Aminosäuren, aufzuspalten, um sie an anderer Stelle wieder so zusammenzusetzen, wie es gerade benötigt wird. Können diese nicht ausreichend entgiftet werden, so werden sie im Körper eingelagert.

Die Ernährung mit einem hohen Anteil Rohkost ist nicht nur gesund, sie entgiftet den Körper und verschafft uns damit ein neues und energievolles Körpergefühl. Auch ist Rohkost kulinarisch ein Weg, der voller neuer Entdeckungen ist und so manche Innovation in die Küche bringt. In meinen Workshops sind die Teilnehmer oft erstaunt, was mit naturbelassenen Lebensmitteln alles herzustellen ist und wie köstlich rohe Mahlzeiten sein können!

„Tue Deinem Leib etwas Gutes, damit Deine Seele Lust hat, darin zu wohnen.“

Theresia von Avila (1516–1582)

Rohkost war in Deutschland viele Jahrzehnte vor allem als Heilkost bekannt. Sie ist in den letzten Jahren zu einer modernen Ernährungsalternative geworden, die immer mehr Menschen begeistert. Es geht dabei nicht nur um Ernährung und Gesundheit. Hinter der Rohkost-Ernährung verbirgt sich ein Lebensstil, den immer mehr Menschen sympathisch finden. Denn letztlich schließt dieser Lebensstil die Besinnung auf das Essenzielle, die Achtsamkeit im Umgang mit unserer Nahrung sowie die Rückbesinnung auf die Natur und unsere natürlichen Kräfte ein. In der Rohkost-Ernährung wird auf Nachhaltigkeit, Regionalität und auf die Beachtung des Jahresrhythmus geachtet. Damit passt Rohkost in die großen Themen unserer Zeit.

Rohkost umfasst heute ganz einfach jede frische und unerhitzte Nahrung, wobei die vegane Rohkost dominiert und insofern meist Lebensmittel pflanzlicher Herkunft gemeint sind. Da es unterschiedliche Lehren

Ute Ludwig sammelt Kräuter.

und Richtungen innerhalb der Rohkost-Ernährung gibt, herrscht kein Konsens darüber, wie stark Lebensmittel verändert werden dürfen. Einigkeit besteht weitestgehend darüber, dass Lebensmittel nicht Temperaturen über 42 °C ausgesetzt werden sollten.

Zur veganen Rohkost gehört

- alles essbare Blattgrün (auch Wildkräuter),
- Gemüse und Obst,
- Avocados, Oliven, kaltgepresste Öle, Kokosnuss-Produkte,
- Pilze, verschiedene Algensorten,
- Nüsse, Saaten, Getreide sowie
- sogenannte Superfoods (Hanfprodukte, Chlorella oder Spirulina).

Wichtige Zubereitungstechniken sind das Keimen von Saaten, um Lebensmittel wie Hülsenfrüchte oder Getreide roh verwertbar zu machen sowie die Milchsäuregärung, z. B. bei der Herstellung von Sauerkraut und nicht zuletzt das schonende Dörren.

Auch ist die Rohkost-Ernährung eine interessante und geschmackvolle Alternative für all diejenigen, die sich natürlich vegan ernähren möchten, aber auch für Menschen mit bestimmten Nahrungsmittelunverträglichkeiten, wie beispielsweise Gluten- oder Laktose-Intoleranz oder die einfach nach neuen Geschmackserlebnissen und Zubereitungsformen suchen.

MEINE EIGENE GESCHICHTE

Ich wurde schon als Kind mit der rohköstlichen Ernährungsweise konfrontiert. In meiner Kindheit und Jugendzeit war mein Vater großer Rohkost-Fan. Er beschäftigte sich viel mit dem Thema, viele Bücher dazu lagen bei uns zu Hause herum. Auch praktizierte er Rohkost. Damals war Rohkost noch eine Nische, es fehlten die tollen Rezepte und so war es für mich damals nicht besonders interessant. Dennoch aßen ich und meine Geschwister ganz automatisch vieles roh. Wenn meine Mutter kochte, so gab sie uns das Gemüse immer vorher schon ungekocht und wir knabberten es auf – Blumenkohl, Weißkohl, Rote Bete, natürlich Möhren und vieles mehr. Regelmäßig wurden wir von unseren Eltern mit frischer Gartenkost verköstigt – darunter auch viel Grünes. Für uns war das selbstverständlich. Als ich nach meinem Abitur nach Hamburg zog, änderten sich meine Ernährungsgewohnheiten: Ich wollte meine eigenen Erfahrungen machen und mit wenig Geld in der Tasche holte ich mir all das, was auf Studententellern so landet – Nudeln, Pizza, Schokopudding. Das machte ich eine Weile bis ich nach etwa anderthalb Jahren bemerkte, dass es mir gar nicht gut ging. Natürlich hatte ich einige Kilos zugenommen, aber das war nicht das Problem. Problematisch war, dass ich mich kraft- und energielos fühlte, viel öfter als früher krank wurde und dazu schnell gereizt war. Die Gunst der Stunde nutzte mein Vater: Er schob mir ein paar seiner Bücher zu. Ich las sie und bekam nicht nur die Lösung meiner Probleme präsentiert, sondern entdeckte darin meine Leidenschaft. Meine Reise begann und bis heute lebe ich zusammen mit meiner Familie eine sehr bewusste Ernährung, bei der der überwiegende Teil aus Rohkost besteht. Mittlerweile habe ich meine Leidenschaft auch zum Beruf gemacht. Als ausgebildete Ernährungsberaterin mit Schwerpunkt Rohkost gebe ich mein Wissen und meine Erfahrungen in Workshops, Vorträgen, Beratungen und auf unserem Blog „Nordisch Roh“ weiter.

Der Dörrofen als Meilenstein in der Familie Ludwig.

DIE BEDEUTUNG DES ROHEN DÖRRENS IN DER ROHKOST-ERNÄHRUNG

Der Dörrofen hat in meiner Rohkost-Küche eine große Bedeutung und er stellt auf meiner persönlichen Reise einen großen Meilenstein dar. Denn ich begann in meiner Anfangszeit mit einer sehr reduzierten Form der Rohkost-Ernährung, das heißt, ich aß die Lebensmittel vor allem pur. Diese Form der Rohkost war damals die gängige Praxis, die in der Literatur empfohlen wurde und sie bietet auch heute noch bestimmte gesundheitliche Vorteile. Ich stellte aber fest, dass ich es so nie über einen längeren Zeitpunkt durchhielt und wieder in alte Gewohnheiten rutschte. Lange verstand ich nicht, was mir fehlte. Bis ich meinen Mann kennenlernte. Er kannte Rohkost nicht, war aber schon lange Vegetarier und aufgeschlossen gegenüber Ernährungsthemen. Gerne wollte er mit mir zusammen eine dreimonatige Rohkostzeit machen. Ohne dass er viel Vorwissen hatte, starteten wir. Zu meiner Überraschung begann er, aus rohen Lebensmitteln viele leckere Köstlichkeiten herzustellen. Er war sehr kreativ und gut darin, auch gewohnte Geschmäcker nachzuahmen. Das inspirierte mich und auch ich begann kreativ zu werden. So entdeckte ich die Gourmet-Rohkost, die Welt der rohen Kuchen und Brote. Schnell schafften wir uns einen Dörrofen an. Das Brotschmieren, die Kekse zum Tee, das „Dreikomponentenessen“ – das also war es, was mir die Jahre zuvor gefehlt hatte: meine kulturelle Prägung! Selbstverständlich machen diese Leckereien innerhalb einer ausgewogenen Rohkost-Ernährung nur einen kleinen Teil aus, aber diesem Teil kommt aus meiner heutigen Sicht eine sehr große Bedeutung zu. Ich möchte jedem Menschen, der sich dauerhaft mit einem hohen Rohkostanteil ernähren möchte und gleichzeitig nicht auf vieles verzichten möchte, dieses Buch mit seinen Rezepten ans Herz legen.

ROH DÖRREN – BASICS

ROH DÖRREN – DIE BASICS

Bevor du deine Reise in die Welt des rohen Dörrens startest, möchte ich dich kurz ins Thema einführen. Woher kommt das Dörren und wie funktioniert es? Besonders wichtig ist mir, die Möglichkeiten aufzuzeigen, die das rohe Dörren bietet. Denn selbst langjährigen Dörrofenbesitzern und eingefleischten Rohköstlern sind die Möglichkeiten gar nicht immer bewusst!

WAS IST DÖRREN UND WIE FUNKTIONIERT ES?

Was ist dörren eigentlich? Dörren ist eine sehr alte Konservierungsmethode, bei der durch Trocknung oder Dehydration eine längere Haltbarkeit erreicht wird. Vermutlich ist es die älteste Konservierungsmethode überhaupt, die bereits vor 20000 Jahren von den ersten Jägern und Sammlern für die Haltbarmachung von Lebensmitteln genutzt wurde. Ab einem Wassergehalt von 35 Prozent oder weniger vermehren sich die meisten Bakterienarten nicht mehr. Schimmelpilze stellen ihre Zersetzungstätigkeit ab einem Wassergehalt von unter 15 Prozent ein. Als Begriff verweist „dörren" auf die Darre, das ursprüngliche Gitter, das zur Trocknung verwendet wurde. Auch heute werden in den modernen Geräten Dörrgitter für das Trockengut verwendet. Es kommt zwar dem Dörren insgesamt keine große Bedeutung mehr zu, da es durch industrielle Verfahren wie durch Gefrier- oder Sprühtrocknung ersetzt wurde. Private Haushalte hingegen entdecken das Dörren wieder mehr für sich, nicht nur für die Haltbarmachung von Lebensmitteln, sondern auch als Veredelungsmethode, durch die besondere Geschmäcker erzeugt werden können und wegen der gesundheitlichen Vorzüge, die natürliche getrocknete Produkte bereithalten.

Der eigentliche Ablauf des Dörrens ist simpel. Pflanzliche Lebensmittel eignen sich für das Dörren sehr gut. Der Wasserentzug beim Dörren erfolgt durch das Vorbeiströmen warmer, trockener Luft. Die Feuchtigkeit an der Oberfläche des pflanzlichen Lebensmittels verdunstet. Wasser aus dem Innern kommt an die Oberfläche, wo es wiederum verdunstet, solange bis kein Wasser mehr nachfließt und das Lebensmittel trocken ist. Alle anderen Bestandteile bleiben erhalten. Die Restfeuchtigkeit beträgt je nach Lebensmittel sowie den Bedingungen des Dörrvorgangs rund 10 bis 15 Prozent. Die dem Lebensmittel entzogene Feuchtigkeit wird in die Umgebungsluft abgegeben. Die Trocknung erfolgt umso schneller, je höher die Temperatur der Dörrluft ist. Außerdem ist das Tempo der Trocknung auch von der Beschaffenheit des Lebensmittels abhängig, wie selbstverständlich vom Wassergehalt, aber auch seiner Oberflächengröße und Durchlässigkeit.

Je nach gewünschtem Effekt kann den Lebensmitteln das Wasser durch das Dörren also vollständig entzogen werden. Die

Lebensmittel verändern sich gleichzeitig, weil sie an Masse verlieren und sich ihre Konsistenz verändert. Sie werden fester. Lässt man Lebensmitteln eine Restfeuchtigkeit, können interessante Varianten entstehen, z. B. bei Broten oder beim Überbacken von Gemüse.

Wenn die Haltbarkeit sich auch verlängert, so ist zu beachten, dass diese meistens nicht unbegrenzt ist. Bei entsprechend professioneller Vorgehensweise, z. B. was die Aufbewahrung angeht, können die gedörrten Produkte einige Monate lang haltbar sein, teilweise auch erheblich länger.

DIE UNTERSCHIEDLICHEN DÖRRVERFAHREN

Es gibt unterschiedliche Dörrverfahren, die sich im Laufe der langen Geschichte des Dörrens entwickelt haben. Das älteste Verfahren ist das Trocknen an der Luft. Apfelringe an einer Schnur gespannt und auf dem trockenen Dachboden aufgehängt, ist sicher ein Bild, das man schnell im Kopf hat. Auch die Darre ist als Hilfsmittel für das Trocknen bekannt oder spezielle Flechtkörbe, die traditionell zum Dörren eingesetzt wurden und teilweise immer noch werden. Der Raum, in dem das Dörrgut trocknen soll, sollte staubfrei sein, eine gute Luftzirkulation besitzen und über eine niedrige Luftfeuchtigkeit verfügen. Da die Umgebungstemperatur bei der Lufttrocknung meist nicht ganz konstant ist, muss das Dörrgut regelmäßig kontrolliert und gewendet werden, damit kein Schimmel entsteht. Das Trocknen an der Luft kann nicht überall durchgeführt werden und in Regionen mit grundsätzlich hoher Luftfeuchtigkeit wird es besonders schwierig.

Direkt aus dem Garten ist unsere Nahrung am vitalstoffreichsten und schmeckt auch am besten!

Eine Lufttrocknung funktioniert auch in für diesen Zweck konstruierten Trockenschränken. In diesen werden Trockensiebe übereinander eingesetzt. Eine Wärmequelle bzw. ein Gebläse am Boden kann die Leistung eines Trockenschranks erhöhen. Sogenannte Sonnendörrer nutzen allein die Wärme der Sonne. Trockenschränke findet man manchmal auf Biohöfen, die darin Kräuter für Tee trocknen, die so ein sehr feines Aroma bekommen.

Ernte aus eigenem Anbau.

Eine häufige Frage ist, ob auch der Backofen zum Dörren geeignet ist. Die Antwort lautet grundsätzlich ja. Zumindest hat der Backofen den Vorteil, dass er fast überall vorhanden ist und zu jeder Zeit genutzt werden kann. Ein Vorteil im Vergleich zur Lufttrocknung ist selbstverständlich auch, dass die Temperatur geregelt und somit konstant gehalten werden kann. Das Dörrgut wird auf mit Backpapier belegte Gitterroste gelegt. Da die Feuchtigkeit entweichen muss, wird die Backofentür einen Spalt weit geöffnet.

Das Dörren im Backofen bringt aber auch einige Nachteile mit sich, vor allem wenn es um das rohe Dörren geht. Viele Backöfen beginnen erst bei einer Temperatur von 50 °C, was knapp über der eigentlichen Grenze von 42 °C liegt. Auch wenn durch den Spalt Wärme entweicht, lässt sich die Temperatur nur schwer kontrollieren. Die Luftumwälzung im Backofen ist wenig effizient, erst recht nicht, wenn Bleche verwendet werden. Daraus folgt auch ein höherer Energieverbrauch. Wenn du ein Rezept ausprobieren möchtest, das für den Dörrofen konzipiert wurde, musst du davon ausgehen, dass die in den Rezepten angegebenen Dörrzeiten stark abweichen und es bleibt fraglich, ob das gleiche Ergebnis erzielt werden kann.

In der modernen Rohkost-Ernährung und damit auch in den gängigen Rezeptbüchern sowie in Ausbildungen zum Raw Chef überwiegt die Verwendung eines Dörrofens. Die Rezepte in diesem Buch sind alle in einem Dörrofen entstanden. Das Trocknen im Dörrofen ist tatsächlich die schönste Art zu dörren, vor allem im Rohkostbereich.

Hat ein Dörrofen auch Nachteile? Natürlich braucht der Dörrofen Platz, denn er muss irgendwo hingestellt werden. Manche Menschen stören sich an den Betriebsgeräuschen des Dörrofens. Diese schwanken allerdings von Modell zu Modell und haben mich persönlich nie vom Dörren abgehalten! Wer empfindlich ist, lässt sich von einem Fachmann beraten und wählt ein sehr ruhiges Modell. Nicht empfehlenswert ist es, den Dörrvorgang zu unterbrechen. Das Dörrgut beginnt sofort wieder, Feuchtigkeit aus der Luft aufzunehmen. Das Dörrgut kann sauer werden oder man beginnt quasi wieder von vorn.

WAS SIND DIE VORTEILE DES ROHEN DÖRRENS?

Das Dörren von Lebensmitteln bietet zahlreiche Vorteile. Der wohl am häufigsten genannte Vorteil ist die Haltbarmachung von Lebensmitteln. Da den Lebensmitteln durch das Trocknen Feuchtigkeit entzogen wird, finden Fäulnisbakterien und Schimmelpilze keine Lebensgrundlage. Saisonale Lebensmittel wie Beeren im Sommer, Äpfel oder unterschiedliche Gemüsesorten im Herbst kann man in größeren Mengen kaufen, wenn sie reif sind und dann trocknen, beispielsweise als Obstleder oder in Form von Crackern oder Broten. Gut gelagert halten sich getrocknete Speisen lange Zeit und können auch in den erntearmen Monaten unsere Alltagskost aufwerten. Ich liebe es, im Winter ein Erdbeer- oder Blaubeerleder aus dem Vorratsschrank zu holen, es bunt zu füllen und die Energie der leckeren Sommerfrüchte zu tanken!

Das Trocknen von Speisen unter 42 °C ist eine der schonendsten, gesündesten und einfachsten Arten, Lebensmittel zu konservieren. Im Vergleich zum Einkochen bleiben die meisten Nährstoffe erhalten und im Vergleich zum Einfrieren wird nicht zusätzlich noch ein Gefrierschrank benötigt, was Strom und damit Kosten spart. Durch das sanfte Trocknen erhalten wir als Ergebnis Speisen und Lebensmittel, die wegen des geringen Vitalstoffverlustes als Rohkost zu bezeichnen sind. Natürliche Süßigkeiten, ausgefallene Obstleder, aromatische Chips, vitalstoffreiches Gebäck und enzymreiche Cracker nehmen in der Speisekammer oder dem Vorratsschrank nicht viel Platz ein und können in beschrifteten Containern ▸ Kapitel „Lagerung des Dörrgutes" auf Seite 38 ganz einfach gestapelt werden.

Das Haltbarwerden ist nicht der einzige Effekt des Trocknens. Darüber hinaus verändern sich die Aromen der Lebensmittel durch den Dörrvorgang, ihr Geschmack wird meist intensiver. Früchte schmecken beispielsweise süßer und einige Kräuter nachdrücklicher. Das peppt die Mahlzeiten auf, macht sie interessant und bietet immer wieder neue Geschmackserlebnisse. Zusammen mit den verschiedenen Zubereitungsformen im Dörrofen bringt das eine riesige Abwechslung, die für mich wirklich unbezahlbar ist. Wenn du es wie ich liebst, in der Küche kreativ zu werden, dann wird der Dörrofen ungeahnte Welten für dich öffnen.

Trockenfrüchte in Rohkostqualität

▶ Das Dörren im eigenen Haushalt hat außerdem den Vorteil, dass Lebensmittel von einmaliger Qualität hergestellt werden können. So sind Trockenfrüchte aus dem Handel oft denaturiert und werden mit Chemikalien wie Schwefeldioxid, Sulfiten oder anderen Konservierungsstoffen behandelt. Meist werden sie auch hohen Temperaturen ausgesetzt. Da sich Fruchtzucker ab 50 °C verändert, ist dies auch geschmacklich leicht festzustellen. Statt feiner fruchtiger Aromen sind zu stark erhitzte Trockenfrüchte oft nur noch süß. Auch werden die hochwertigen und gesundheitsfördernden Enzyme zerstört, was beim eigenen Trocknen bei niedrigeren Temperaturen nicht geschieht. Trockenfrüchte in Rohostqualität sind nur über bestimmte Online-Shops im Internet zu beziehen – und das sehr teuer.

Ökonomische Aspekte

Auch ist die Qualität der Lebensmittel für immer mehr Menschen wichtig. Die Anzahl derer, die auf bestimmte Inhaltsstoffe in Lebensmitteln mit Allergien, Intoleranzen und Unverträglichkeiten reagieren, wächst. Wer auf die Reinheit und Qualität von Produkten achtet, der erfährt schnell, wie hoch der Preis für so manches Produkt im Biomarkt sein kann. Ein glutenfreies Müsli, aus Grundzutaten selbst gemischt und mit enzymreichen Trockenfrüchten ergänzt, ist eine wahre Erleichterung für den Geldbeutel. Um noch ein extremeres Beispiel zu nennen: Ein Essener Brot in Rohkostqualität nur aus Weizen hergestellt kann im Internet 2,99 Euro pro 100 Gramm kosten. Das sind fast 30 Euro pro Kilo. Ein Rohkostbrot mit mehreren Zutaten, beispielsweise ein Olivenbrot oder Sauerkrautbrot kostet noch weit mehr. Kilopreise von rund 50 Euro sind keine Seltenheit. Ein Kilo hochqualitativer Bio-Weizen kostet bei meinem Demeterhof 1,99 Euro. Daraus lassen sich zahlreiche Brote herstellen. Ebenso ist es bei Grünkohlchips: In Rohkostqualität liegt der Preis pro Packung bei 4,49 Euro – und das bei nur 30 Gramm! Das bedeutet, 100 Gramm kosten 15,63 Euro, auf den Kilopreis hochgerechnet kommt man auf über 150 Euro!

Oft höre ich bei meinen Vorträgen oder Workshops den Einwand, dass die Praxis der Rohkost-Ernährung wahnsinnig kompliziert und zeitaufwendig sei. Wenn ich daraufhin die Anschaffung eines Dörrofens empfehle, sehe ich meist in verdutzte Gesichter. Bringt das Dörren nicht noch viel mehr Aufwand in die Küche? Meine Antwort: im Gegenteil! Der Dörrofen ermöglicht die Produktion auf Vorrat und schafft damit eine riesige Erleichterung in der Organisation des Alltags. Viele Rezepte aus diesem Buch sind entstanden, weil sie uns als Reiseproviant dienen, für Unternehmungen mit der Familie, für den Kindergarten oder das Büro. Ein kleiner Vorrat an gedörrten Broten ist in unserem Haushalt unverzichtbar, denn wenn es mal stressig wird, haben wir in wenigen Handgriffen eine tolle und sättigende Mahlzeit gezaubert. Und ganz ehrlich: Hat man immer etwas Leckeres im Vorratsschrank, kommt man nicht so schnell in die Versuchung auf etwas Ungesundes zurückzugreifen! Sicher ist dem ein oder anderen beim Lesen aufgefallen, dass auch ökonomische Aspekte eine Rolle spielen. Eingesparte Transportwege für den Einkauf und das Vermeiden von Verpackungsmüll sind gute Argumente für einen Dörrofen im Haushalt.

Kreativ werden und ausprobieren

Viele Menschen empfinden die Rohkost-Ernährung herausfordernd, weil ihnen die Abwechslung fehlt – ja, auch hier kann ich nur den Dörrofen empfehlen! Dieses Buch zeigt auf, welch vielfältige Köstlichkeiten in einem Dörrofen entstehen können. Fange ich an, ein Obstleder herzustellen, so habe ich während des Tuns gleich fünf weitere Ideen und es kommt nicht selten vor, dass ich so ganze Abende in der Küche verbringe, um all dies gleich umzusetzen. Fehlende Abwechslung wird in Zukunft sicher kein Problem mehr sein!

Es lohnt sich außerdem, zu experimentieren und auszuprobieren. So können Früchte nur etwas angetrocknet werden und bekommen eine besondere Konsistenz und Geschmacksnote. Gemüsesorten kann man trocknen und dann pulverisieren und so entstehen ganz eigene Kreationen von Gemüsebrühen, die frei von chemischen Zusätzen und Konservierungsstoffen oder Geschmacksverstärkern sind. Kräutersalze kann man ebenso auf vielfältige Art und Weise herstellen. So liebe ich beispielsweise mein Wildkräuter-Salz, das ich jedes Jahr herstelle und gerne verschenke. Und wo im Laden bekommst du süße Grünkohlchips? Süße Grünkohlchips sind eine meiner Lieblingsentdeckungen. Meine Schoko-Grünkohlchips ▶ Seite 185 lösen regelmäßig Begeisterung bei meinen Gästen aus.

Selbstgemachte Grünkohlchips sind ein Genuss und um ein vielfaches günstiger als das fertige Produkt aus dem Handel.

WELCHE MÖGLICHKEITEN BIETET EIN DÖRROFEN?

Ein Dörrgerät kann viel mehr, als nur Lebensmittel haltbar machen und ist gerade in einer pflanzenbasierten und vitalstoffreichen Kost ein unverzichtbarer Küchenhelfer, aber auch für all diejenigen wertvoll, die in der Küche gerne kreativ sind. Vielen Menschen, selbst glücklichen Dörrofenbesitzern, sind die vielen Möglichkeiten gar nicht bewusst.

Früchte nachreifen lassen: In einem Dörrofen können beispielsweise ganz praktisch unreife Früchte nachreifen, wenn es schneller gehen soll.

Kräuter trocknen: Selbst wenn es nur um das einfache Trocknen geht, tun sich unendliche Möglichkeiten auf. Ist es nicht schön, die Kräuter des eigenen Kräutergartens für den Winter zu trocknen? Den eigenen Garten für die grauen Tage im Vorratsschrank aufzubewahren? Was daraus alles entstehen kann! Kräutersalze, heilsame Tees oder interessante Würzmischungen für das gesamte Jahr. Trocknet man Birkenblätter, Schafgarbe, Holunder- oder Lindenblüten, so lässt sich im Nu die Hausapotheke füllen und im Winter bei Erkältungen oder Entgiftungskuren nutzen. Nicht zuletzt erinnert ein Tee aus Kräutern und Blüten die Seele im Winter an den Sommer und hilft, durch die kurzen grauen Tage zu kommen ▶ Seite 203.

Pulver für grüne Smoothies: Eine ganz besonders tolle Möglichkeit für mich ist auch die Herstellung von grünem Pulver für heimische grüne Smoothies im Winter ▶ Seite 204.

Brote und Kekse: Das Dörrgerät ist ein wunderbarer Ersatz für den Backofen, es lassen sich Brote und Kekse backen oder Kuchen mit Streuseln, wie wir sie sonst in der Rohkost-Ernährung nicht herstellen können. Die Ergebnisse sind köstlich und in ihrem Aussehen zum Teil täuschend echt, so dass nur schwer darauf zu kommen ist, dass es sich um Rohkost handelt. „Ist das wirklich roh?" ist einer meiner Lieblingssätze, denn er ermuntert Menschen, umzudenken und sich gegenüber dieser Ernährungsform zu öffnen.

Knuspertopping: Knusprige Speisen sind eine weitere Möglichkeit, die in der Rohkost sonst nur schwer herzustellen ist, abgesehen von der natürlichen knackigen Konsistenz von Möhren und anderen Gemüsesorten. Aber hin und wieder ein leckerer Keks oder ein Knuspertopping für Frühstückbreie oder Salate macht einfach Spaß und peppt den Speiseplan auf. Außerdem werden im Dörrofen weich gewordene Chips oder Cracker wieder schön knusprig.

Erwärmen und überbacken: Natürlich kann der Dörrofen auch zum Erwärmen von Speisen dienen. Wer etwas Warmes vermisst, aber trotzdem alle Vitalstoffe erhalten möchte, kann seine Speisen im Dörrofen erwärmen, z. B. bei Porridge, Chili oder Curry. Ebenso empfehlenswert ist das Überbacken von Gerichten, besonders schön bei Pizzen oder Gemüse. Auch Aufläufe lassen sich nachahmen oder belegte Brote. Beim Entzug von Wasser aus bestimmten Gemüsesorten bekommen diese das Aussehen von gekochter Kost. Natürlich ist das nicht notwendig, aber es macht Spaß, Rezepte zu kreieren, die unserer gewohnten Kost ähneln.

Noch dazu spricht es unser Inneres an, denn wie wir aufgewachsen sind, ist tief in uns verankert und Veränderungen fallen uns deswegen nicht immer so leicht.

Eine ganz wichtige Methode in der Rohkost-Ernährung, um Lebensmittel aufzuwerten ist das Einweichen und das Keimen von Getreide, Nüssen und Saaten bevor man diese weiterverarbeitet. Dadurch werden sie „aktiviert“, lebendig und leichter verdaulich.

Möchte man z. B. ein hochwertiges Mehl herstellen, so wird es besonders wertvoll, wenn es aus aktivierten Grundzutaten wie gekeimtem Buchweizen hergestellt wird. Das Ergebnis ist ein weitaus hochwertigeres Produkt als der ursprüngliche Buchweizen: Enzymreich und voll mit lebendigen Vitalstoffen! In einem Mixer kann jetzt ein Mehl hergestellt werden, das für Gebäck weiterverarbeitet werden kann und man erhält ein Produkt, das es in keinem Laden zu kaufen gibt!

Das Einweichen und Keimen von Lebensmitteln macht sie hochwertiger und verdaulicher.

GERÄTEKUNDE

Selbstverständlich ist die Frage nach einem passenden Dörrgerät eine wichtige und entscheidende Frage, denn nichts ist ärgerlicher als ein enttäuschender Fehlkauf. Ich zeige dir, worauf du beim Kauf eines Dörrofens achten solltest und gebe dir wichtige Hinweise für den Gebrauch. Ich selbst habe vier verschiedene Geräte im Haus, die ich ausgiebig testen konnte. Am Ende dieses Buches findest du Bezugsquellen und ich gebe dir konkrete Kaufempfehlungen.

WORAUF MUSST DU BEIM KAUF EINES DÖRROFENS ACHTEN?

Wer die Wahl hat, hat die Qual. Mittlerweile gibt es eine Vielzahl an Dörrgeräten auf dem Markt und beginnt man im Internet zu recherchieren, gerät man in einen Dschungel an Wahlmöglichkeiten, Tests und Erfahrungsberichten. Als ich begann, nach einem Dörrofen zu suchen, war das wichtigste Kriterium erst einmal die Rohkostqualität. Und genau hier liegt schon der Hase im Pfeffer, denn längst nicht alle Dörrgeräte dörren im entsprechend niedrigen Temperaturbereich. Wenn ein Dörrofen zwar im niedrigen Temperaturbereich trocknet, aber ein zu schwaches Gebläse hat, kann es beim Trocknen zu einem ärgerlichen Schimmelbefall kommen.

Der Excalibur Dörrofen ist unter Rohköstlern besonders beliebt.

Auch muss bedacht werden, dass unterschiedliche Dörrgeräte für verschiedene Anwendungsgebiete konzipiert sind. So sind einige Dörrgeräte für das Herstellen von Trockenfleisch ausgelegt und entsprechend nicht optimal, wenn pflanzliche Lebensmittel darin gedörrt werden sollen. Meine grundsätzliche Empfehlung lautet, einen Dörrofen in einem speziell auf Rohkost ausgerichteten Versand zu beziehen. Damit ist man auf der sicheren Seite und eine fachliche Beratung ist garantiert. Einige Bezugsquellen sind am Ende des Buches genannt ▶ Seite 236.

Horizontale und vertikale Luftverteilung

Dörrgeräte unterscheiden sich einmal dadurch, woher die warme Luft kommt. Wer sich mit Dörrgeräten bisher noch nicht beschäftigt hat, der kennt oft nur die runden Geräte, bei denen die Etagen aufeinander aufgebaut werden. Hier sitzt das Gebläse unten und die Luft strömt entsprechend von dort aus nach oben. Für das Trocknen von Obst oder Kräutern sind diese Geräte geeignet. Möchte man aber Cracker aus einer Leinsamen-Masse, Brote, Obstleder oder Produkte mit ähnlicher Ausgangskonsistenz herstellen, so werden Dörrfolien benötigt. Die Dörrfolien verhindern, dass das Dörrgut durch das Gitter läuft, so lange die Feuchtigkeit noch nicht ausreichend entwichen ist. Kommt nun die Luft von unten, so gelangt sie nur schwer durch die dichten Folien, die Luft kann nicht frei nach oben zirkulieren. Es kommt zu einem Luftstau, so dass die Dörrgitter häufig umgestapelt werden müssen. Am Ende wird kein gleichmäßiges Ergebnis erzielt. Andere Geräte arbeiten mit einer horizontalen Luftverteilung, das bedeutet, das Gebläse befindet sich hinten im Gerät und die Luft wird gleichmäßig von hinten über die Einschübe geblasen. So wird eine gleichmäßige Trocknung aller Etagen erreicht und die Verwendung von Dörrfolien für Obstleder und andere Rezepte ist kein Problem.

Temperaturanzeige und Timer

Temperaturbereich und Dauer sind bei guten Dörrapparaten per Timer einstellbar. Das ist auch absolut notwendig, wenn wir im Rohkostbereich arbeiten möchten. Nicht alle Dörrgeräte verfügen über eine Temperaturregelung und auch nicht alle Dörrgeräte verfügen über einen Timer. Dörröfen ohne Temperaturregelung dörren in der Regel nicht im Rohostbereich, sondern liegen etwa bei 70 °C. Der Timer ist kein absolutes Muss, da Dörrzeiten stets variieren, dennoch ist diese Funktion sehr bequem, denn man muss nicht ständig selbst auf die Stundenzahl achten. Als Empfehlung gebe ich, darauf zu schauen, dass der wählbare Temperaturbereich großzügig bemessen ist, selbst wenn man nicht auf Rohkostqualität achtet. So sind einfach alle Möglichkeiten für die Zukunft offen.

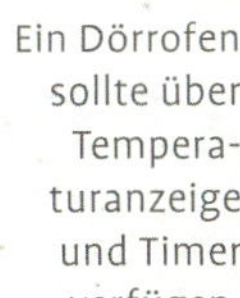

Ein Dörrofen sollte über Temperaturanzeige und Timer verfügen.

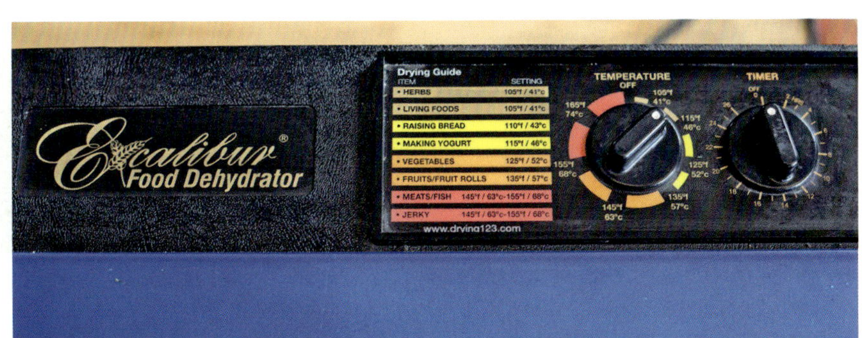

Material: Plastik oder Edelstahl?

Leider gibt es nur wenige Geräte auf dem Markt, die komplett ohne Plastik bzw. Kunststoff auskommen und nur aus Edelstahl gebaut sind. Mehrere Studien legen nahe, dass wir über Essen und Trinken, das in Kunststoffbehältern gelagert wird, Kunststoffmoleküle zu uns nehmen. Gerade wenn Kunststoff erhitzt wird, können sich Inhaltsstoffe aus dem Plastik lösen.

Immer mehr Menschen wollen Plastik meiden und so bekomme auch ich häufig die Frage, wie bedenklich oder unbedenklich Dörrgeräte sind, in denen Plastik verbaut ist. Diese Frage kann ich nicht abschließend beantworten. Die Hersteller von Geräten, deren Einschübe aus Plastik sind, meinen, dass der Temperaturbereich bei 42 °C zu niedrig ist, dass sich beispielsweise das gefährliche BPA lösen könnte. Ich persönlich dörre lieber auf Einschüben aus Edelstahl, vor allem weil ich immer mal wieder bei höheren Temperaturen dörre, z. B. um bei bestimmten Lebensmitteln Fäulnis zu vermeiden.

Reinigung des Dörrofens

▶ Aus meiner Sicht ist die Reinigung eines Dörrofen recht unkompliziert. Das Gehäuse wird bei Bedarf mit einem feuchten Tuch ausgewischt. Die Dörrgitter können bei starker Verschmutzung, wenn beispielsweise getrocknete Reste am Gitter festkleben, in der Spüle eingeweicht werden und anschließend mit einer Spülbürste freigebürstet werden. Meistens jedoch werden die Gitter nicht sehr schmutzig, da bei feuchtem Dörrgut Folien verwendet werden, die man erst entnimmt, wenn das Produkt trocken genug ist. Genaue Hinweise stehen auch in den entsprechenden Gebrauchsanweisungen.

Welche Größe passt zu mir?

Ich habe die Erfahrung gemacht, dass viele Menschen zu Beginn dazu neigen, sich ein kleineres Dörrgerät anzuschaffen. Oft ist es in Familien nur eine Person, die sich für Rohkost begeistert und deshalb keine großen Mengen hergestellt werden müssen.

Meine Erfahrung zeigt aber auch, dass man sich leicht täuschen kann. Denn ist ein Dörrofen zu klein, können oft gar keine ausreichenden Mengen an Dörrgut hergestellt werden. So benötigen allein Apfelringe viel Platz und die Dörrgitter sind schnell belegt. Aus 1 Kilo Äpfeln ergeben sich 100 Gramm Apfelringe und saisonal wird das Dörrgerät zu Hochtouren auflaufen.

Viele Dörrzubereitungen sind lange haltbar. Besitzt man einen großen Dörrofen, macht man diesen lieber einmal ganz voll, anstatt öfter kleinere Mengen zu trocknen. Wichtig zu wissen, dass eine Dörrfläche von rund einem Quadratmeter gar nicht so groß ist wie es sich anhört. Übrigens, wenn das Volumen größer ist, ist der Dörrofen hinsichtlich des Energieverbrauchs effizienter, allerdings sollte der Dörrofen dafür gut befüllt sein.

Lautstärke

Die Lautstärke des Dörrgeräts ist für manche ein wichtiger Aspekt. Wenn das Dörrgerät in einer kleinen Wohnung in der Nähe des Schlafzimmers steht oder in dem Raum, in dem gemeinsam gegessen wird, kann es tatsächlich stören. Wenn der Dörrofen separat steht, beispielsweise in der Waschküche, so ist die Lautstärke wenig relevant. Einige Modelle verfügen über einen Nachtmodus, in dem das Dörrgerät leiser läuft.

Natürlich braucht ein Dörrofen Platz und man sollte vor dem Kauf genau überlegen, wo er stehen kann. Mir persönlich ist es wichtig, dass ein Dörrofen nicht dort läuft, wo das Familienleben stattfindet und auch nicht gerade im Arbeitszimmer. Ideal ist, wenn man eine größere Vorratskammer oder eine Waschküche hat. Alternativ ist natürlich auch die Küche eine gute Wahl. Nimmt man in der Küche auch die Mahlzeiten ein, so stellt man ihn in dieser Zeit ab oder lässt das Dörrgerät so wie ich vor allem nachts laufen.

Stromverbrauch

Der Stromverbrauch ist ein großes Thema und oft eines der größten Kaufhindernisse. Zu groß sind die Bedenken, sich einen wahren Stromfresser ins Haus zu holen. Tatsächlich ist der Energieverbrauch aber überschaubar. Erst recht dann, wenn dieser in einer reinen Rohkost-Ernährung den Backofen ersetzt. Zugebenermaßen ist das zwar seltener der Fall, dennoch sind die Bedenken nicht gerechtfertigt, wenn man ein paar Aspekte bedenkt.

Zum einen sind gute Dörröfen in ihrer Bauweise so konzipiert, dass der Raum ideal ausgenutzt wird. Die Gittereinsätze machen außerdem eine gute Luftzirkulation möglich. Wissen solltest du in jedem Fall, dass der Stromverbrauch relativ gesehen werden muss. Wie viel Strom verbraucht wird und wie effizient der Dörrofen läuft, hängt nämlich von mehreren Faktoren ab. Ganz einfach spielt die Beschaffenheit des verwendeten Dörrgutes eine Rolle.

- Wie hoch ist der Wassergehalt?
- Wie dick sind die Scheiben oder Stücke, die gedörrt werden?
- Sind alle Etagen belegt oder vielleicht nur eine einzige?
- Auch spielt eine Rolle, welcher Trocknungsgrad erreicht werden soll, wie hoch die Außentemperatur ist und vor allem, wie hoch die Luftfeuchtigkeit der Umgebung ist.

Für die Berechnung von Stromkosten eines beliebigen elektrischen Gerätes kann man eine einfache Formel anwenden.

Pro Stunde:	Kilowatt × 1 × KWh-Preis
Pro Tag:	Kilowatt × 24 × KWh-Preis
Pro Jahr:	Kilowatt × Betriebsstunden pro Tag × 365 × KWh-Preis

Mein Lieblings-Dörrofen, der Excalibur mit 9 Einschüben, hat 600 Watt, was umgerechnet 0,6 Kilowatt sind. 2017 lag der durchschnittliche Strompreis pro Kilowattstunde bei 29,16 Cent.

Wenn wir von einem aufgerundeten Wert von 30 Cent pro Kilowattstunde ausgehen, ergeben sich folgende Ergebnisse: Pro Stunde kostet das Dörren 28 Cent und pro Tag (24 Stunden) 4,32 Euro. Sollte man das Gerät einmal in der Woche nutzen und dann jeweils 14 Stunden dörren, was aus meiner Erfahrung realistisch ist, liegen wir bei einem Preis von ca. 130 Euro pro Jahr.

Ein gefüllter Dörrofen

▶ Wer um die vollständige Füllung seines Dörrofens bemüht ist, der sollte wissen, dass auch süße und pikante Speisen zusammen in einer Charge gedörrt werden können, da sich die Aromen nicht übertragen.

Der Excalibur gehört zu den Geräten mit einer höheren Wattzahl. Gerade preiswertere Geräte besitzen oft eine niedrige Wattzahl. Hierbei zu sparen macht allerdings keinen Sinn, denn diese Geräte bringen logischerweise auch weniger Leistung, was in der Dörrpraxis sehr frustrierend sein kann.

Ein weiteres Beispiel verdeutlicht, wie sich der Stromverbrauch relativiert und verschafft Klarheit darüber, dass sich die Anschaffung allemal lohnt. Belegt man alle neun Einschübe des Excalibur und dörrt 24 Stunden bei einer niedrigen Temperatur von 40 °C, so werden etwa 7 Kilowatt verbraucht, was etwa 2 Euro kostet. Bei einer Gesamtfläche von 1,14 Quadratmetern können für 2 Euro eine große Menge Lebensmittel hergestellt werden. Einige Preisbeispiele habe ich bereits genannt ▶ Seite 16. Wer einen Garten besitzt, Pilze sammelt oder ganz einfach saisonal und regional einkauft, bei dem minimieren sich die Kosten noch einmal mehr.

MEINE ERFAHRUNGEN UND EMPFEHLUNGEN

Ich selbst habe insgesamt vier Dörrgeräte zu Hause, alle von unterschiedlichen Herstellern. Darunter ist ein Dörrofen, der keinen Timer besitzt, sich also nicht automatisch abschalten kann. Meine Lieblingsgeräte sind der Excalibur und der Sedona Dörrofen. Beide dörren im Profibereich und werden von vielen Raw Chefs verwendet, besonders der Excalibur erfreut sich weltweit großer Beliebtheit. Der Sedona kam später auf dem Markt, hat aber seitdem ebenfalls eine große Fangemeinde. Von beiden Modellen besitze ich die große Version mit neun Einschüben. Eine schöne Möglichkeit beim Sedona ist, den Ofen mittels eines geschlossenen Einlegebodens zu teilen, wenn man ihn nur halb befüllt. Das spart Strom. Meine Erfahrung ist, dass der Sedona länger braucht, um Lebensmittel zu trocknen.

Teilweise habe ich Rezepte nachgemacht, bei der die Dörrzeit im Sedona um einige Stunden länger als im Rezept angegeben war. Im Internet gibt es einige Tests von Privatpersonen zu lesen, welche die tatsächliche Temperatur im Dörrofen während des Dörrvorgangs gemessen haben. So wurde festgestellt, dass beim Sedona bei 41 °C die tatsächliche Grenze von 38,5 °C nicht überschritten wurde. Beim Excalibur hingegen wurden bei eingestellten 40 °C nach oben abweichende Temperaturen gemessen. Das erklärt, warum meine eigenen direkten Vergleiche unterschiedliche Dörrzeiten hervorbrachten. So wurde ein Essener Brot im Sedona bereits sauer, während es im Excalibur wie gewünscht schnell trocknete. Ein nicht zu verachtender Vorteil des Excalibur ist, dass viele internationale Rezeptbuch-Autoren und Raw Chefs im Rohkostbereich mit diesem Gerät dörren und man somit eine hohe Sicherheit bekommt, dass die angegebenen Dörrzeiten stimmen.

Eine neue Generation von Dörröfen sind die Infrarot-Dörrgeräte, mit denen ich bisher noch keine eigenen Erfahrungen gemacht habe. Vorteil sollen schnellere Trocknungszeiten und leisere Betriebsgeräusche sein. Wer sich ein Dörrgerät kaufen möchte, der sollte dieses im Online-Fachgeschäft tun, um eine wirklich kompetente Fachberatung zu erhalten. Bezugsquellen sind im Anhang genannt ▶ Seite 236.

ZUBEHÖR UND WEITERE GERÄTE RUND UM DAS DÖRREN

Richtig großen Spaß bringt die Dörrpraxis, wenn neben dem Dörrgerät helfendes Zubehör und weitere Geräte zur Verfügung stehen. Was sich in meiner Küche bewährt hat, werde ich im Folgenden zeigen. Was du dir davon letztendlich anschaffst, hängt natürlich auch davon ab, wo deine eigenen Schwerpunkte und Prioritäten in der Küche liegen. Auch müssen viele Dinge nicht sofort angeschafft werden, sondern du kannst sie kaufen, wenn der Bedarf entsteht. Da ich über eine komplett ausgestattete Rohkost-Küche verfüge, nutze ich meine Geräte selbstverständlich auch in meiner Dörrpraxis, wo sie mir viele Vorteile bringen.

DÖRRFOLIEN

Viele Dörrrezepte können nur mit Dörrfolien zubereitet werden. Das gilt für alle Lebensmittel mit einer flüssigen, weichen oder klebrigen Ausgangskonsistenz, die ohne Folien durch das Gitter hindurchdringen würden: beispielsweise für Obst- und Gemüseleder, Teige für Cracker, Brote, Pizza oder Müsliriegel. Auch fein gehackte Kräuter oder andere sehr kleine Stücke, wie geraspelter Ingwer oder geraspelte Zitrusschalen würden durch das Gitter hindurchfallen. Besonders an Dörrfolien ist, dass sich aufgrund ihrer speziellen Oberfläche mit geringer Haftung und ihrer Elastizität das angetrocknete Dörrgut gut lösen lässt und keine Reste auf den Folien zurückbleiben. Auf das Vorhandensein dieser Anti-Haftbeschichtung ist beim Kauf unbedingt zu achten! Die Anti-Haftbeschichtung ist gesundheitlich unbedenklich. Polytetrafluoethylen (PTFE), welches bei hochwertigen Folien für die Antihaft-Beschichtung verwendet wird und auch als Teflon bekannt ist, wird bereits seit Jahrzehnten in der Lebensmittelzubereitung eingesetzt und ist bestens erforscht. Vielen Händlern liegen Unbedenklichkeitsbescheinigungen von den Produzenten vor, nach denen man fragen kann. PTFE ist dann gesundheitsschädlich, wenn beispielsweise Teflonpfannen auf über 200 °C erhitzt werden, da sich in diesem Temperaturbereich fluorierte Verbindungen lösen und ins Essen dringen können. Im Temperaturbereich von Dörröfen arbeiten wir mit wesentlich niedrigerer Wärmeeinwirkung und zudem bestehen Dörrfolien aus sehr festem Gewebe, aus dem sich das PTFE nicht löst. Wichtig ist, dass man Dörrfolien in der entsprechenden Abmessung zum Dörrgerät kauft, am besten die jeweils zu den Geräten gehörenden Folien. Schafft man sich einen Dörrofen neu an, so ist es empfehlenswert, die Dörrfolien gleich mit zu kaufen. Zwar sind diese nicht ganz günstig und erhöhen damit die

Dörrfolien sind wichtig für die Zubereitung vieler Speisen.

Anschaffungskosten. Jedoch halten sie sehr lange. Besonders die Paraflexx Dörrfolien besitzen eine sehr gute Qualität. Von jeglichen Experimenten mit Backpapier rate ich ab. Das führt nur zu Frust, denn die Anti-Haftung ist nicht gut genug und auch verlängert sich die Trockenzeit. An der falschen Stelle zu sparen ist nicht ratsam, wie ich aus eigener Erfahrung weiß.

V-HOBEL

In der voll ausgestatteten Rohkost-Küche ist immer auch ein guter V-Hobel zu finden, mit dessen Hilfe man binnen weniger Minuten Obst und Gemüse in die gewünschte Form bringen kann. Was den V-Hobel für das Dörren so wertvoll macht, ist die Möglichkeit, standardisierte Größen und Dicken zu garantieren. Sind beispielsweise Apfelringe ungleich dick, so haben diese unterschiedliche Dörrzeiten. Verwendet man einen Hobel, so lassen sich die Äpfel in genau gleich dicke Scheiben schneiden und ein gleichmäßiges Dörrergebnis ist gesichert. Gute Hobel haben verschieden einstellbare Höhen, so dass beispielsweise auch hauchzarte Scheiben hergestellt werden können. Auch Stifte und Würfel können gehobelt werden. In meiner Küche ist der V-Hobel regelmäßig im Einsatz.

WINKELPALETTE UND NUDELHOLZ

Die Winkelpalette ist ein sehr hilfreiches Werkzeug, wenn es um das Glattstreichen von flüssigem Dörrgut geht. So ist es gar nicht einfach, ein gleichmäßig dickes Obstleder auf die Dörrfolie zu bringen, ebenso wenig wie Teig von Crackern oder Brot eben auszustreichen. Wer noch keine Winkelpalette im Haus hat, der wird sich früher oder später eine zulegen, wenn er Gefallen am Dörren gefunden hat. Achte darauf, dass du dir eine vernünftige Größe zulegst. Ich arbeite mit einem Winkelmesser, das etwa 30 cm lang ist. Das Arbeiten mit dem Nudelholz, das wahrscheinlich jeder bereits zu Hause hat, ist ebenfalls eine sehr gute Möglichkeit, Teige in gleichmäßiger Dicke zu produzieren.

Winkelpaletten unterschiedlicher Größen.

EXTRAS

Wie auch in der normalen Küche sind es häufig die Kleinigkeiten, die für die besonderen Kniffe und Tricks von hohem Wert sind. So liebe ich meine Donutformen aus Silikon, mit denen ich neben Donuts auch Bagels herstelle. Meine ebenfalls aus Silikon bestehenden Riegelformen sind bei mir auch häufig im Gebrauch. Silikonformen eignen sich deshalb so gut, weil sie Formgeber sind und nicht mit in den Dörrofen kommen. Das Dörrgut lässt sich vor dem Trocknen leicht aus den weichen Formen lösen.

Tarteformen mit herausnehmbaren Böden sind praktisch, um beispielsweise eine Quiche darin vorzubereiten, ohne sie in der Form zu dörren. Mit einfachen quadratischen Ausstechformen kann man gleich große Brotstücke ausstechen, die wesentlich schöner sind, als würde man den Teig freihändig in Stücke schneiden.

Mit einem Nussmilchbeutel stelle ich wunderbare Nussmilch für meine Cerealien her, wobei der sogenannte Trester übrig bleibt, der wiederum zu Mehl getrocknet oder in Teigen mitverarbeitet werden kann.

Aufbewahrung

▶ Wichtig für die Dörrpraxis ist die Aufbewahrung des fertigen Dörrgutes, das zum Teil über Monate haltbar bleiben soll. Als Behälter zur Lagerung des Dörrguts eignen sich am besten Schraubgläser aus Glas und Plastik- oder Keramikdosen. Ich bevorzuge Frischhaltedosen aus Glas und Bügelgläser, von denen ich viele besitze, da ich auch eine Leidenschaft für das Fermentieren von Gemüse habe. Schön ist es, wenn Dosen stapelbar sind, so dass man Platz spart.

Verschiedene Küchenhelfer erleichtern die Arbeit.

Mit einem Apfelausstecher entferne ich ohne Mühe das Gehäuse von Äpfeln für die Produktion von Apfelringen.

Scharfe Messer dürfen selbstverständlich nicht fehlen, aber das gilt für jede gute Küche, in der frische Lebensmittel zubereitet werden.

FOOD PROCESSOR ODER KÜCHENMASCHINE MIT S-MESSER

In Rohkost-Rezeptbüchern, egal ob aus dem englisch- oder deutschsprachigen Raum, taucht der Food Processor immer wieder auf. Häufig ist auch von der Küchenmaschine mit S-Messer die Rede, so auch in diesem Buch. Ein Food Processor ist letztlich eine multifunktionale Küchenmaschine, die hacken, reiben, schneiden und sogar kneten kann. Da in jeder gesundheitsbewussten Küche das eigene Herstellen der Mahlzeiten eine große Rolle spielt – und damit auch das Schneiden, Reiben und Hacken von Gemüse – lohnt sich diese Anschaffung allein wegen der Zeitersparnis. Im Gegensatz zu anderen Zerkleinerern lassen sich mit dem Einsatz des S-Messers größere Mengen verarbeiten, da die Küchenmaschinen einfach größer sind. Dazu kommt, dass auch klebrige Teige, Mischungen aus Nüssen und Trockenfrüchten oder gekeimtes Getreide gut verarbeitet werden können, da die Küchenmaschinen über eine entsprechend gute Leistung verfügen. Auch können beispielsweise Nüsse mit Hilfe des S-Messers gemahlen werden oder eigene Nussmuse hergestellt werden.

Wenn du nicht im Besitz einer solchen Küchenmaschine bist, schaust du in deiner Küche nach bereits vorhandenen Häcksel-Geräten oder arbeitest mit einem Mixer oder Messer.

DER MIXER UND DER PERSONAL BLENDER

Aus der Rohkost-Küche nicht wegzudenken ist der Hochleistungsmixer. Einzug hat der Mixer in die Rohkost-Küche erhalten, weil mit seiner Hilfe grüne Smoothies in optimaler Weise hergestellt werden können. Die Zellen der grünen Blätter müssen aufgeschlossen werden, damit man an die wertvollen Inhaltsstoffe des Grüns herankommt. Und dafür braucht es eine Umdrehungszahl von 30000 Umdrehungen oder mehr pro Minute – so die Theorie. Denn nicht nur cremige grüne Smoothies lassen sich mit einem Hochleistungsmixer herstellen. Der Mixer kann mit seiner Power nahezu alles zerkleinern und leckere Cremes, Suppen oder Aufstriche herstellen. Somit sorgt er auch bei den gedörrten Rezepten für eine glatte Konsistenz beim Obst- und Gemüseleder oder Crackern, bei Saucen und Brotaufstrichen. Auch ist der Mixer das Gerät für eine feine Nussmilch, dessen Trester du in Broten weiterverarbeiten kannst. Der Mixer wird in meiner Küche auch zum Mahlen verwendet. Besonders gekeimten Buchweizen, den ich zurücktrockne, mahle ich im Mixer zu Mehl. Meist ist der Mixer eine der ersten größeren Anschaffungen in der Rohkost-Küche. Neben dem Mixer ist auch sein kleiner Bruder, der Personal Blender, ein schönes Gerät. Dieser ist eher für kleinere Mengen geeignet, z.B. für Marinaden. Auch verwende ich den Personal Blender für das Mahlen von kleineren Mengen, wie z.B. Flohsamenschalen, Leinsamen oder um aus Xylit feinen Ersatz für Puderzucker herzustellen. Dieses Gerät ist nicht unbedingt ein Muss, es macht aber Spaß und erweist sich als schneller und effektiver Helfer. Übrigens sind auch elektrische Kaffeemühlen für genau diese Einsätze optimal und ich kann mich gut erinnern, dass meine Eltern früher Leinsamen immer mit der Kaffeemühle geschrotet oder gemahlen haben.

Mixer und Food Processor gehören in die Rohkost-Küche.

TIPPS & TRICKS FÜR DIE PRAXIS

Damit du einen guten Einstieg in die Dörrpraxis findest und beim Durchsehen der Rezepte nicht den Überblick verlierst, gebe ich an dieser Stelle wichtige Tipps und Tricks für die Praxis. Diejenigen, die schon Erfahrung in der Zubereitung von Rohkost haben, wissen bereits, dass Nüsse, Saaten und Getreide vor der Verwendung möglichst eingeweicht und gekeimt werden sollten, um diese Lebensmittel verdaulicher zu machen. Allen anderen möchte ich es hier zeigen. Auch das Ausstreichen von Teigen oder das Wenden von Broten ist eine wichtige Praxis, damit ein gutes Ergebnis erzielt wird und Dörrzeiten nicht unnötig verlängert werden.

VORBEREITUNG DES DÖRRGUTES

Wichtig ist zunächst einmal die Wahl der Produkte, die man dörren möchte. Beim Dörren von Obst und Gemüse ist auf Frische und Reife zu achten. Besonders, wenn Obst nicht frisch und nicht reif ist, hat das einen großen Einfluss auf das Ergebnis nach dem Dörren. Apfelringe aus reifen und biologisch angebauten Äpfeln schmecken köstlich aromatisch, während unreife Äpfel aus konventionellem Anbau fad und ledrig schmecken.

Auch ist es sinnvoll, sich über die Menge Gedanken zu machen. Da es beim Dehydrieren zu einem Verlust an Feuchtigkeit kommt, kommt es auch zu einem Verlust an Masse. Je nach Dörrgut kommt es zu Gewichtsverlusten zwischen 75 und 90 Prozent des Ausgangsgewichtes. Hat man sein Dörrgut ausgewählt, bestehen die nächsten Schritte, je nachdem um welches Produkt es sich handelt, grundsätzlich aus waschen, schneiden oder hobeln. Die Gewissenhaftigkeit bei diesen Schritten zahlt sich am Ende aus. Nach dem Waschen und Trocknen der Lebensmittel werden sie auf weiche, dunkle oder verunreinigte Stellen überprüft, die entfernt werden. Wird das Obst oder das Gemüse nun geschnitten, so sollten die Stücke unbedingt gleich groß sein. Wenn auch nur ein Stück noch feucht ist, kann die gesamte Charge mit Schimmel befallen werden. Und es gibt wirklich kaum etwas Ärgerlicheres. Ich verwende gerne meinen V-Hobel, um Scheiben und Stücke gleicher Größe zu schneiden. Der regelmäßige Schnitt sorgt nicht nur für einen hübschen Anblick, sondern vereinfacht auch das Dörren. Übrigens, je größer die Schnittfläche, desto schneller ist das Dörrgut trocken und die Nährstoffe bleiben optimal erhalten. Bei einigen Obstsorten wie Äpfeln wird empfohlen, die Stücke vorher in Zitronenwasser zu tunken, um einer Bräunung vorzubeugen. Ehrlich gesagt halte ich diesen Schritt nicht für notwendig und wenn die Äpfel schnell im Dörrofen landen, wirkt sich das nicht negativ auf die Farbe aus.

Ich verwende in den Rezepten dieses Buches häufig Saaten, Nüsse, Getreide oder Pseudogetreide wie für Brote oder andere Zubereitungen mit einem Teig als Grundlage. In der vollendeten Rohkost-Küche werden diese Lebensmittel nur verwendet, wenn sie zuvor eingeweicht, aktiviert bzw. gekeimt wurden. Was bedeutet das?

Einweichen und aktivieren

Wirft man einen Blick in die Natur, so fangen die von den Bäumen gefallenen Nüsse oder die Saaten, die reif auf die Erde fallen, erst dann an zu wachsen, wenn die äußeren Bedingungen optimal sind. Und zwar dann, wenn genügend Wasser vorhanden ist. Heruntergefallene Nüsse beginnen also erst zu keimen, wenn sie ausreichend vom Regenwasser eingeweicht wurden. Wenn nun also von aktivierten Nüssen oder Saaten gesprochen wird, so meint dies, dass die Nüsse begonnen haben, ihre Kraft in das Wachstum zu stecken. Und tatsächlich sind diese durch das Einweichen in Wasser aktivierten Nüsse und Saaten bekömmlicher und vitalstoffreicher. Ein Grund dafür ist, dass Phytinsäure beim Einweichen abgebaut wird. Phytinsäure ist eine bioaktive Substanz, die frühzeitiges Keimen verhindert, indem sie bestimmte Mineralstoffe wie Phosphat, Kalium, Magnesium und Calcium bindet. Das ist auch der Grund, warum die Nährstoffe durch Einweichen oder Aktivieren besser für den menschlichen Organismus verfügbar sind. Geschmacklich tut sich auch etwas: bittere Bestandteile werden abgebaut. Auch steht Phytinsäure im Verdacht, ein Grund für Allergien gegen Nüsse zu sein. Übrigens sollen auch die Azteken Nüsse und Hülsenfrüchte in Meerwasser eingeweicht haben, bevor sie diese in der Sonne trockneten.

Um Nüsse und Saaten einzuweichen, füllt man diese einfach in eine Schüssel und bedeckt sie mit ausreichend Wasser. Verwende immer eine Schüssel, die groß genug ist und dazu reichlich Wasser, weil das Volumen teilweise stark zunimmt! In das Wasser gebe ich immer etwas naturbelassenes Salz.

Eingeweichte Sonnenblumenkerne und Mandeln.

Praktischerweise weiche ich Nüsse und Saaten über Nacht ein, das heißt etwa 12 Stunden. Beim Einweichen von Cashews geht es allerdings nicht um das Aktivieren, sondern darum, dass diese weich werden und sich besser zu einer Creme mixen lassen. Nach dem Einweichen wird das Einweichwasser weggeschüttet und die Nüsse noch einmal gründlich gespült. Ein größeres Haushaltssieb ist dabei eine gute Hilfe. Die Nüsse oder Saaten können nun gegessen oder weiterverarbeitet werden.

Die andere Möglichkeit ist, die Nüsse oder Saaten nach dem Einweichen wieder zu trocknen. So erhält man einen Vorrat, auf den man jederzeit zurückgreifen kann. Wenn du die Nüsse oder Saaten trocknest, dann achte unbedingt darauf, dass diese wirklich trocken sind. Sind sie noch feucht im Inneren, kann es zu Schimmelbildung kommen. Das heißt, je größer die Nüsse sind, umso länger die Trockenzeit. Diese beträgt mindestens 12 Stunden.

Getreide, Buchweizen und Saaten keimen

Getreide, Buchweizen und manche Saaten wie z. B. Sonnenblumenkerne eignen sich sehr gut zum Keimen. Wie das Einweichen hat auch das Keimen einige Vorteile. Vor allem was den Zuwachs an Enzymen und anderen Vitalstoffen angeht. Bei Weizensprossen soll sich der Gehalt an Vitamin C um 600 Prozent und Vitamin E um 300 Prozent erhöhen! Dafür allein lohnt sich dieser extra Schritt, denn in der heutigen Ernährung kommen leider immer weniger der wichtigen Vitalstoffe vor, aber durch unseren Lebensstil und Umweltfaktoren braucht der Mensch mehr denn je. Das Keimen ist sehr simpel. Man benötigt dafür keine speziellen Geräte, allein ein Küchensieb und eine Glasschüssel sind bei mir für das Keimen in Verwendung. Hält man sich an einige wenige Grundregeln, gelingt es jedem.

Zunächst wird das Getreide in einem Küchensieb gewaschen und in eine Schüssel, bevorzugt eine Glasschüssel oder ein Einmachglas, gegeben und mit ausreichend gutem Wasser aufgefüllt, um es dann über Nacht einzuweichen. Auch hier gilt daran zu denken, dass die Körner ihr Volumen stark vergrößern. Die Schüssel sollte also groß genug sein und man muss ausreichend Wasser verwenden. Die Einweichzeiten können variieren. Grundsätzlich weiche ich sämtliche Getreidesorten, Saaten und Nüsse über Nacht ein, einfach weil sich das für meine Küchenpraxis als praktikabel erwiesen hat. Buchweizen ist hier eine Ausnahme, aber dazu komme ich später. Nach dem Einweichen werden die Körner wieder im Sieb gewaschen, gründlich abgetropft und in die Schüssel zurückgegeben. Das wird nun zwei- bis dreimal täglich wiederholt, bis die Keimlinge nach etwa 2 bis 3 Tagen fertig sind. Die Getreidesprossen schmecken leicht süßlich. Sollte ich mal keine Zeit zum Keimen haben, dann weiche ich das Getreide lediglich wie oben beschrieben ein und lasse es arbeiten, solange bis ich eben mit der Zubereitung beginnen möchte.

Buchweizen keimen lassen

▶ Beim Buchweizen gibt es eine Abweichung zu dem beschriebenen Keimprozess. Denn dieser muss nur 10 bis 15 Minuten eingeweicht werden, bevor er in den Keimprozess geht. Außerdem keimt Buchweizen sehr schnell und kann oft schon nach 24 Stunden verwendet werden. Lässt man ihn zu lange keimen, wird der Geschmack intensiver, was für manch einen zu Beginn gewöhnungsbedürftig sein kann.

Dinkelkeime.

Unter den Rezepten wirst du ein paar sogenannte „Essener-Rezepte“ finden. Inspiriert sind diese Rezepte durch das Essener Brot. Die Essener waren eine religiöse Gruppe im antiken Judentum, deren Mitglieder der Überlieferung nach Fladenbrote aus gekeimtem Getreide herstellten, die in der Sonne trockneten. Essener-Rezepte sind also Zubereitungen, deren Grundlage gekeimtes Getreide ist. Deswegen ist es für diese Rezepte wichtig zu wissen, wie man Getreide keimt.

In den Rezepten dieses Buches verwende ich für Haferflocken Nackthafer sowie Dinkel für Brote wie das Essener Brot. Ebenso lassen sich Weizen, Roggen oder Nacktgerste keimen.

Tipp

Nackthafer lässt sich je nach Bezugsquelle nicht immer optimal keimen. Daher bin ich dazu übergegangen, ihn lediglich einzuweichen, um Fäulnis oder Gärung zu vermeiden.

Ich möchte ausdrücklich darauf hinweisen, dass das Einweichen und Keimen mit gutem Wasser besser gelingt. Leitungswasser ist oft verunreinigt und so kann es schneller zur Fäulnisbildung kommen. Wir verwenden ausschließlich gefiltertes Wasser in unserer Küche.

Direkt aus dem Mixer das Obstleder auf einer Dörrfolie verteilen.

Das Obstleder mit einer Winkelpalette gleichmäßig dünn ausstreichen.

AUSSTREICHEN VON TEIGEN UND FLÜSSIGEN SPEISEN

Bei einigen Rezepten ist es wichtig, dass die Grundmasse gleichmäßig auf die Dörrfolien kommt. Sehr wichtig ist dies z. B. bei Obst- und Gemüseleder, aber auch bei Crackern oder anderen flüssigeren Ausgangsprodukten. Gelingt das gleichmäßige Ausstreichen nicht, so führt dies zu einer ungleichmäßigen Trocknung. Konkret bedeutet das, dass einige Stellen bereits trocken sein können, während andere noch nass sind. So kann es zu Rissen oder Brüchen kommen oder im umgekehrten Fall sind einige Stellen noch nass, während der Rest bereits fertig ist. Gerade wenn weitere Zubereitungsschritte folgen, wie das Einrollen von Wraps oder Apfelstrudeln, kann sich das negativ auf das Endergebnis auswirken bis hin zu einem völligen Misslingen des Rezeptes, was wirklich frustrierend ist. Natürlich ist das Übungssache und eine Frage der Geduld.

Für das Ausstreichen sollte man sich ein wenig Zeit nehmen und konzentriert arbeiten. Wichtigstes Werkzeug ist die Winkelpalette ▶ Seite 27. Bei sehr flüssigen Speisen ist eine lange Winkelpalette von Vorteil, die kürzeren eignen sich gut für festere Teige, die glatt ausgestrichen werden müssen.

Bei festeren Konsistenzen kann man neben der Möglichkeit, mit einer Winkelpalette zu arbeiten, auch ein Nudelholz zu Hilfe nehmen. In diesem Fall platziert man den Teig auf einer Dörrfolie, wo man ihn bereits grob platt gedrückt hat. Dann legt man eine zweite Dörrfolie darauf. Zwischen diesen zwei Dörrfolien lassen sich viele Teige wunderbar mit einem Nudelholz ausrollen, auch wenn diese klebrig oder anderweitig schwieriger zu verarbeiten sind.

WENDEN VON BROTEN UND CRACKERN

Bei vielen Rezepten sind die Dörrfolien ▶ Seite 25 eine wichtige Hilfe. Sie sorgen dafür, dass weiche oder flüssige Speisen nicht durch das Dörrgitter fließen oder während des Trocknens an ihnen festkleben. Bei der Verwendung der Dörrfolien ist zu beachten, dass diese in den meisten Fällen nicht während der gesamten Trocknungszeit gebraucht werden. Die Luftzirkulation wird durch die Dörrfolien nicht ganz gewährleistet. Sobald also die Dörrfolien nicht mehr benötigt werden, sollten diese entfernt werden, um die Trocknung zu beschleunigen. Entfernt man diese nicht, verlängert sich die Trockenzeit. Bei manchen Zubereitungen wie beim Essener Brot besteht auch die Gefahr, dass der Teig sauer wird, wenn er nicht schnell genug trocknet. Ist das Dörrgut also trocken genug, das heißt es hält zusammen und ist an der Oberfläche bereits fest, wird es gewendet und man kann die Dörrfolie entfernen.

Und das funktioniert folgendermaßen: Man holt das entsprechende Dörrgitter samt Dörrgut aus dem Dörrofen und platziert es auf einer Ablage oder dem Tisch. Dann legt man ein zweites Dörrgitter passend auf das erste, hält beide Gitter fest und wendet das Ganze in einem Zug. Das obere Dörrgitter nimmt man wieder weg und im letzten Schritt kann nun die Dörrfolie entfernt werden. Je nach Zubereitung und Beschaffenheit des Dörrguts kann die Folie etwas anhaften. Dann zieht man diese vorsichtig ab. Nun liegt das Dörrgut ohne Folie auf dem zweiten Dörrgitter und kann wieder zurück in den Dörrofen, um fertig gedörrt zu werden.

Um Dörrgut zu wenden, zunächst das Dörrgut mit Gitter aus dem Dörrofen holen und ein zweites Dörrgitter darauf legen.

Alles zusammen einmal wenden.

Zum Schluss die Dörrfolie entfernen und das Dörrgut bei Bedarf weiter trocknen.

Ist das Obstleder fertig, lässt es sich ganz einfach von der Folie abziehen.

HINWEISE ZU DÖRRZEITEN UND TEMPERATUR

Hinsichtlich der Dörrzeiten ist zu beachten, dass es sich bei den Angaben in den Rezepten immer nur um ungefähre Werte handelt. So kann sich die benötigte Zeit von Obst und Gemüse individuell nach Sorte oder Reifegrad unterscheiden. Der Wassergehalt bestimmt die tatsächliche Dörrzeit. Auch welche Temperatur eingestellt wird, hängt vom Ausgangsprodukt ab. Natürlich ist es Ziel, möglichst schonend zu trocknen und im Rohkostbereich zu bleiben. Wenn ich ein Produkt dörre, das über einen sehr hohen Wassergehalt verfügt, so dörre ich die ersten 1 bis 2 Stunden bei 63 °C. Dabei wird die Rohkostqualität nicht gefährdet, denn durch die Verdunstungskälte kommt das Produkt selbst nicht in einen kritischen Temperaturbereich. Zum Teil ist es auch Abwägung. Manche Gemüsesorten dauern sehr lange, wenn man sie bei 42 °C dörrt. Hin und wieder entscheide ich mich, wie z. B. bei Paprika, diese bei 63 °C zu trocknen. Das ist immer noch sehr schonend, verkürzt aber die Trockenzeit und macht es in der Küchenpraxis einfach praktikabler.

Dörrzeiten für ausgewähltes Dörrgut

Dörrgut	Dörrzeit 42 °C	Dörrzeit 63 °C
Apfelringe, 8 mm	16 Stunden	12 Stunden
Birnenscheiben, 8 mm	14 Stunden	10–12 Stunden
Aprikosen, halbiert	–	10–15 Stunden
Pflaumen, halbiert	24 Stunden	20 Stunden
Kiwischeiben, 5 mm	20 Stunden	14 Stunden
Bananenscheiben, 3 mm	10–12 Stunden	–
Erdbeeren, sehr dünne Scheiben	5–8 Stunden	–
Ananasstücke, 3 mm	–	10–14 Stunden
Zwiebelringe	12 Stunden	8–10 Stunden
Pilzscheiben, 8 mm	10–12 Stunden	6–8 Stunden

Zu beachten ist in jedem Fall, dass die Dörrzeit nicht nur vom Produkt abhängig ist, sondern auch je nach Dörrgerät stark variieren kann. Nicht alle Dörrautomaten schaffen es, die Temperatur konstant zu halten. Es gibt auch technische Unterschiede der Gebläse und damit der Luftverteilung, die sich auf die Effektivität auswirken. Bei einem Test stellte ich z. B. fest, dass vergleichbare Geräte der Marken Sedona und Excalibur trotz identischer Temperatureinstellung und gleichen Dörrguts sehr unterschiedliche Trockenzeiten hatten. Der Sedona brauchte deutlich länger.

Bei vielen Rezepten hängt die Dörrzeit auch davon ab, wie man sich das Endprodukt wünscht. Bei Brot finde ich es oft lecker, wenn es nicht ganz trocken ist. So ist es weicher und kommt der Konsistenz von normalem Brot näher. Dabei ist jedoch zu beachten, dass je trockener das Dörrgut ist, desto haltbarer es auch ist. Ist es noch feucht, so lässt es sich nicht lange lagern oder es schimmelt.

Die in der Tabelle ▶ Seite 37 aufgeführten Dörrzeiten sind Mittelwerte für Trockenobst und -gemüse und beziehen sich auf meine eigenen jahrelangen Erfahrungen mit verschiedenen Geräten. Wie bereits erwähnt, weisen selbst verschiedene Apfelsorten einen unterschiedlichen Wassergehalt auf, was sich auf die benötigte Dörrzeit auswirkt. Man kommt also nicht umhin, das Dörrgut selbst während des Dörrvorgangs hin und wieder zu überprüfen.

Tipp★

Interessant sind auch die Angaben der Trockenzeiten und Temperaturen der Hersteller der Dörrgeräte, an denen man sich gut orientieren kann.

LAGERUNG DES DÖRRGUTES

Ist das Obst und Gemüse fertig gedörrt, so stellt sich die nächste Frage: Wie lagere ich mein Dörrgut richtig? Diese Frage ist sehr wichtig, denn schließlich handelt es sich beim Konservieren von Lebensmitteln um einen entscheidenden Vorteil des Dörrens und viele Menschen entscheiden sich aus diesem Grund für die Anschaffung eines Dörrgerätes. Sind deine Dörrergebnisse auch noch so schön, machst du einen entscheidenden Fehler bei der Verpackung oder Lagerung, kann alle Arbeit umsonst gewesen sein.

Dörren ist zwar eine tolle Möglichkeit zur Haltbarmachung, es schützt aber nicht vor Schädlingen, Luft, Licht und Feuchtigkeit. Bei der richtigen Lagerung gibt es einige wesentliche Grundregeln zu beachten.

Zunächst einmal solltest du bedenken, dass auch die meisten getrockneten Lebensmittel noch einen Restanteil an Feuchtigkeit aufweisen. Dieser ist meist nicht nur unvermeidbar, sondern birgt auch den Vorteil, dass das Dörrgut geschmackvoll bleibt und nicht bricht. Lagert man das Dörrgut irrtümlicherweise nicht richtig, kann es aufgrund dieser Restfeuchtigkeit zum Verderb kommen.

Zu bedenken ist außerdem, dass getrocknete Lebensmittel Feuchtigkeit aus der Luft ziehen. Das kennt eigentlich jeder von Chips, wenn sie eine Zeit in der offenen Tüte liegen und dadurch weich werden und die Knusprigkeit verlieren. Insbesondere bei einer hohen Umgebungsfeuchte solltest du also darauf achten, dass dein wertvolles Dörrgut zügig in die richtige Lagerung geht.

Die passenden Behälter

Es gilt nun also zunächst, das richtige Aufbewahrungsbehältnis zu finden. Am besten eignen sich dafür luftdichte Aufbewahrungsboxen. Dazu zählen z. B. Schraubgläser, Plastik- oder Keramikdosen. Aus ökologischen Gründen und weil auch Plastik nicht immer frei von unerwünschten Stoffen ist (BPA), verwende ich nur selten Plastik zur Aufbewahrung. In meiner Küche sind Bügelgläser ein absoluter Allrounder, die ich gerne auch für die Aufbewahrung von Grünkohlchips, Knuspermüsli oder Dörrobst verwende. Eine andere praktische Lösung für Cracker sind verschließbare Glasdosen, die sich platzsparend stapeln lassen. Alle Vorratsbehälter sollten sauber und keimfrei sein.

Nicht für die Aufbewahrung geeignet sind Behälter aus Aluminium und Blech oder luftdurchlässige Materialien wie Papiertüten oder Baumwolle. Sehr große Behälter sind weniger empfehlenswert, denn beim Öffnen gelangt jedes Mal Luft hinein, was zu einem Vitaminverlust führt und gerade Chips und Cracker schneller weich werden lässt. In vielen Dörr-Ratgebern werden immer wieder strapazierfähige Plastikbeutel mit Zip-Verschluss empfohlen, die ich allerdings nicht verwende. Bevor man Cracker, Müsli oder Chips verpackt, sollten die Speisen abgekühlt sein, da Wärme Kondensation verursacht, was zum Verderb der Lebensmittel führt. Sind die Speisen ausgekühlt, werden sie unmittelbar verpackt.

Unterschiedliche Behälter für die Lagerung.

Bei Lebensmitteln, wo es mir besonders auf den Erhalt der Vitalstoffe ankommt, wie bei Kräutern, Gewürzen oder meinem grünen Pulver für Smoothies, verwende ich dunkle Apothekergläser zur Aufbewahrung. Nicht nur Vitalstoffe werden durch Licht zersetzt, sondern auch Aromen gehen verloren und somit ist bei der Lagerung grundsätzlich darauf zu achten, dass man einen dunklen Ort, wie einen Vorratsschrank, den Keller oder die Speisekammer wählt. Holzregale mit etwas Abstand zu Betonwänden eignen sich am besten. Stein- oder Betonboden sind für die längerfristige Lagerung nicht geeignet. Du wirst es auch sehen können, wenn deine Speisen zu viel Licht ausgesetzt sind, denn sie verlieren ihre intensive Farbe. Bei getrockneten Blüten ist das besonders schade. Bei einer Temperatur zwischen 10 und 16 °C behalten gedörrte Speisen einen höheren Nährwert. Die maximale Raumtemperatur sollte bei 21 °C liegen.

Schraubgläser eignen sich gut für die Lagerung, sollten aber in einem dunklen Raum stehen.

Feuchtigkeit im Blick behalten

Als Empfehlung gebe ich, dass du das Dörrgut, wenn du es luftdicht verschlossen in die Lagerung gebracht hast, in der ersten Woche mehrmals überprüfst. Bemerkst du an den Innenseiten der Behälter Feuchtigkeit, so legst du das Dörrgut noch einmal für ein paar Stunden in den Dörrofen. Du kannst den Behälter auch vorsichtig schütteln und schauen, ob sich anschließend Feuchtigkeit an den Innenwänden zeigt.

Verschiedene Lebensmittel und Speisen werden getrennt voneinander verpackt, da diese unterschiedliche Feuchtigkeitsgehalte aufweisen können. Gut getrocknetes Gemüse enthält beispielsweise einen Feuchtigkeitsgehalt von etwa 10 Prozent, während Früchte bis 20 Prozent Feuchtigkeit enthalten können. Wird beides zusammen in einem Behälter aufbewahrt, kommt es zu einem Feuchtigkeitsausgleich und das Gemüse beginnt zu schimmeln.

Wie lange hält sich Apfel und Co.?

Nun bleibt abschließend zu klären, wie lange das Dörrgut lagerfähig ist. Das hängt von der jeweiligen Speise ab und die Angaben in der Literatur variieren zum Teil stark. Bei vollständig trockenen Produkten, wie durchgetrockneten Broten oder zurück getrockneten Keimen von Buchweizen, Getreide, aber auch bei Trockenobst ist eine sehr lange Lagerung über viele Jahre theoretisch möglich. Beachtet man die in diesem Kapitel angegebenen Regeln bei der Lagerung, können Nährstoffe bestmöglich erhalten bleiben. Allerdings ist die zu lange Lagerung nicht unbedingt sinnvoll. Schließlich stellt man die Speisen ja zum Verzehr her. Für mich ist der Jahresrhythmus eine gute Orientierung und ich verbrauche meine Trockenfrüchte innerhalb eines Jahres, bis ich eine neue erntefrische Charge herstelle. Zum Schluss ist wichtig anzumerken, dass nicht alle Rezepte in diesem Buch zur Lagerung geeignet sind. Einige Brote besitzen beispielsweise eine zu hohe Restfeuchte für die Lagerung. Diese werden für den direkten Verzehr zubereitet und am besten im Kühlschrank gelagert, wo sie länger frisch bleiben. In den Rezepten findest du dazu aber jeweils Hinweise und Bemerkungen.

Tipp★

Bevor du dein Dörrgut in die Lagerung gibst, denke daran, den Behälter mit Inhalt und Datum zu beschriften. Experimentierst du gerne, dann schreibe dir auch die einzelnen Zutaten und Mengen dazu. Es ist schade, wenn du nach einigen Monaten ein besonders schönes Obstleder aus der Speisekammer holst und nicht mehr nachvollziehen kannst, wie du es gemacht hast!

WAS KANN BEIM DÖRREN SCHIEF GEHEN?

Du hast durch die vorangegangenen Kapitel bereits einen guten Überblick über das rohe Dörren bekommen. Beachtest du die Tipps und Hinweise, vermeidest du unnötigen Frust. Typische Fehler werde ich hier noch einmal klären, damit auch wirklich nichts schief gehen kann.

Falsche Position auf dem Dörrgitter: Dass minderwertige Lebensmittel nicht verwendet werden sollten und das Dörrgut gut vorbereitet werden sollte – faule Stellen entfernen oder gleichmäßige Stücke oder Scheiben schneiden –, habe ich bereits ausgeführt. Welcher Fehler jetzt noch begangen werden kann, ist das falsche Positionieren auf dem Dörrgitter. Das betrifft vor allem Obst und Gemüse, sowie Chips, die nicht übereinanderlappend auf dem Gitter liegen sollten. Sonst kann es sein, dass die Verdunstung an den betreffenden Stellen beeinträchtigt wird und die Charge stellenweise noch feucht ist. Übersieht man das beim Umfüllen in den Vorratsbehälter, beginnt das Dörrgut zu schimmeln.

Hohe Luftfeuchtigkeit: An Tagen mit sehr hoher Luftfeuchtigkeit ist zu beachten, dass die Dörrzeit sich verlängern kann bzw. die Zubereitung nicht optimal gelingt. Da die Feuchtigkeit vom Dörrgerät in die Umgebungsluft abgegeben wird, setzt das voraus, dass die Luft die Feuchtigkeit auch aufnehmen kann.

Timing: Besitzt du ein Dörrgerät mit Timer und stellst diesen auf eine bestimmte Zeit ein, solltest du das Dörrgut kontrollieren, bevor die Zeit abgelaufen ist. Ich habe bereits erwähnt, dass Dörrzeiten stets differieren. Es ist ärgerlich, wenn sich der Timer abstellt, bevor die Speise überhaupt fertig gedörrt ist. Ich habe sogar schon gehört, dass Dörrgut ganz einfach im Dörrofen vergessen wurde, nachdem sich der Timer abgeschaltet hat. Der Anblick, wenn man den Dörrofen dann nach mehreren Tagen öffnet, ist gewiss nicht schön! Ähnlich ärgerlich ist, wenn bei der Verwendung einer Dörrfolie, diese nicht nach der entsprechenden Zeit entfernt wird. Die Luft kann nicht optimal zirkulieren, die Dörrzeit verlängert sich stark oder das Dörrgut beginnt statt zu trocknen, zu säuern.
Umgekehrt kann es auch passieren, dass Dörrgut zu lange trocknet. Das passiert sogar recht häufig, denn bei manchen Broten, Crackern oder bei Obst- und Gemüseleder ist ein sehr trockenes Ergebnis nicht vorgesehen und kann die Weiterverarbeitung erschweren oder gar unmöglich machen. Wenn Obstleder entweder vollständig oder an den Rändern brüchig ist, lässt es sich nicht mehr rollen, wobei brüchige Ränder auch einfach mit einem Messer abgeschnitten werden können. Bestimmte Brotrezepte schmecken zu lange gedörrt schlicht zu trocken. In den meisten Fällen lassen sich zu trocken gewordene Speisen aber retten. Denn du weißt ja, dass getrocknete Lebensmittel Feuchtigkeit auch wieder aufnehmen können. Im Fall von zu trockenem Brot oder Obstleder nehme ich zwei feuchte Geschirrtücher und lege das Dörrgut dazwischen und lasse es eine Weile liegen.

Temperatur anpassen: Zu guter Letzt ist zu beachten, dass beim Dörren im niedrigen Temperaturbereich manche Lebensmittel oder Zubereitungen zu feucht sind. Das bedeutet, sie schaffen es nicht zu trocknen, sondern werden faul oder im Fall von Speisen aus Getreide sauer. Möchte man Speisen dieser Art dennoch dörren, sollte man sich ausnahmsweise für einen höheren Temperaturbereich entscheiden.

VERWENDETE ZUTATEN

Ich verwende in meinen Rezepten grundsätzlich bekannte Zutaten, die in Bioläden zu bekommen sind. Wer mit der Rohkost-Küche noch nicht so vertraut ist, dem sind vielleicht trotzdem nicht alle in diesem Buch verwendeten Lebensmittel geläufig. Sei dir aber sicher, dass die Beschaffung nicht schwer ist. Hier erfährst du, was hilfreich oder besonders an diesen Zutaten ist. Auch möchte ich weitere Hinweise und Tipps geben, die man bei der Wahl der Zutaten bedenken sollte.

BIO ODER KONVENTIONELL?

Es ist ein wichtiger Grundsatz in der Rohkost-Ernährung, biologische Lebensmittel zu verwenden. Bio-Lebensmittel haben im Vergleich zu konventionell angebauten Lebensmitteln viele Vorteile. Bio-Produkte sind gesundheitlich, ökologisch und auch ethisch die bessere Wahl, auch wenn das in den herkömmlichen Medien immer wieder dementiert wird. So wurde bereits deutlich gezeigt, dass Bio-Gemüse, Obst und Getreide mehr Vitalstoffe als das jeweils konventionelle Äquivalent enthalten. Die Vitalstoffe sind ein zentraler Schlüssel für unser Wohlbefinden und für mich einer der Hauptgründe für die Rohkost-Ernährung. Meine Wahl fällt grundsätzlich auf die Lebensmittel mit dem höchsten Vitalstoffgehalt. So hat eine Studie gezeigt, dass biologisch angebautes Gemüse, Obst und Getreide signifikant mehr Vitamin C, Magnesium und Phosphor enthalten. Zugleich waren in dieser Studie weniger Nitrate in den Bio-Lebensmitteln nachweisbar und die Belastung mit Schwermetallen war niedriger. Bio-Spinat enthielt auch in anderen Studien weniger Nitrat, dafür aber mehr Vitamine und Flavonoide, sekundäre Pflanzenbegleitstoffe mit antioxidativer Kraft. Theoretische Argumente und Diskussionen werden sowieso in dem Moment hinfällig, wo man einen Geschmacksvergleich macht. Ich empfinde den Unterschied bei den gedörrten Lebensmitteln zwischen bio und konventionell als sehr stark, da sich durch den Entzug des Wassers die Aromen verdichten. Das allein ist für mich Argument genug, denn wir möchten nicht nur Freude am Dörren, sondern auch am Verzehren haben!

BESONDERE ZUTATEN

Die Qualität spielt bei allen verwendeten Zutaten eine große Rolle, um den größten Mehrwert – geschmacklich wie gesundheitlich – aus unseren Dörrkünsten zu ziehen. Ich verwende, wenn es möglich ist, Produkte in Rohkostqualität. Da Rohkostprodukte noch nicht in alle Bioläden Einzug erhalten haben, müsstest du diese in speziellen Versandshops bestellen. Einige meiner Lieblings-Shops habe ich in den Bezugsquellen genannt. Bei manchen Produkten ist mir die Rohkost-

Die Wahl der Zutaten ist entscheidend für Gesundheit und Geschmack der Speisen.

qualität wichtig, bei anderen gibt es gute und hochwertige Alternativen in Bioläden.

Sojasauce, die zum Würzen verwendet wird und vielen Zubereitungen einen besonderen Geschmack verleiht, empfehle ich in Rohkost-Qualität. Nicht rohe Sojasaucen sind pasteurisiert und die wertvollen Enzyme des natürlich fermentierten Produkts somit zerstört. Nama Tamari und Nama Shoyu sind rohe Produkte, wobei das „Nama“ für roh steht. Nama Shoyu wird unter anderem aus Weizen hergestellt, was für manche ein Grund für die ausschließliche Verwendung von Nama Tamari ist. Ich schmecke den Unterschied zwischen rohen und pasteurisierten Sojasaucen sehr deutlich, zumal konventionelle Sojasaucen oft viele Zusatzstoffe enthalten.

Hefeflocken sind in der rohen Gourmet-Küche, aber auch in der vollwertigen veganen Kost ein wichtiges Würzmittel, die den Speisen einen käseartigen Geschmack verleihen. Hefeflocken in guter Qualität gibt es in jedem Bioladen.

Kakaoprodukte, wie Kakaopulver oder -butter verwende ich ebenfalls ausschließlich in Rohkostqualität, weil ich allein geschmacklich einen großen Unterschied empfinde. Naturbelassene Kakaoprodukte kleinerer Produzenten haben oft einen einzigartigen und intensiven Geschmack, den ich in meinen Zubereitungen nicht mehr missen möchte.

Mandelmus: Beim Mandelmus gibt es den entscheidenden Unterschied zwischen dem normalen, eher dunkleren Mandelmus und weißem Mandelmus. In meinen Rezepten verwende ich meist weißes Mandelmus, wobei ich hier auf ein Rohkost-Produkt zurückgreife, welches sich Mandelpüree nennt und eine im Vergleich eher flüssige Konsistenz hat. Die Bezugsquelle nenne ich ebenfalls ▸ Seite 236.

Leinsamen: Es gibt braune und goldene Leinsamen. Ich verwende viel häufiger goldene Leinsamen, allerdings ist der Grund die Farbe, da ich die helle Farbe in vielen meiner Zubereitungen einfach passender finde. Da es aber auch Unterschiede im Quellvermögen gibt (Goldleinsamen besitzen ein höheres Quellvermögen), rate ich dazu, sich an die Rezepte zu halten.

Braune und goldene Leinsamen.

Erdmandeln sind eine besonders gesunde und leckere Alternative zu Getreide. Sie werden basisch verstoffwechselt und sind sehr ballaststoff- und vitalstoffreich. Produkte aus Erdmandeln gibt es zahlreiche und die Bezeichnungen variieren zwischen Erdmandelflocken, Erdmandelmehl oder gemahlenen Erdmandeln. Grundsätzlich können in den entsprechenden Rezepten in diesem Buch alle Produkte verwendet werden. Dabei ist zu beachten, dass es Unterschiede in der Feinheit gibt. Erdmandelflocken sind eher grob, während es bei den Mehlen zum Teil sehr fein gemahlene Varianten gibt. Selbstverständlich lassen sich aus groben Produkten ganz einfach selbst feinere Mehle herstellen, indem man diese im Mixer oder Personal Blender mahlt.

BINDEN VON SPEISEN

Wie halten Cracker, Brote und andere Teige in der Rohkost-Küche zusammen? Das ist eine gute und wichtige Frage, denn in konventionellem Gebäck sind dafür das Gluten (Klebereiweiß) oder Eier zuständig. In der rohen Küche gibt es tolle und gesunde Alternativen. Leinsamen und Chiasamen sind als Bindemittel sicher am bekanntesten. Leinsamen dienten bereits im antiken Griechenland als Heilmittel und auch heute noch werden Leinsamen aufgrund der in ihnen enthaltenen Schleimstoffe für einen

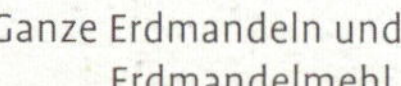

Ganze Erdmandeln und Erdmandelmehl.

gesunden Darm empfohlen. Chiasamen sind bei uns in jüngster Zeit als Superfood bekannt geworden und haben durch den Chiapudding einen festen Platz in der Rohkost-Küche bekommen. Sowohl Leinsamen als auch Chiasamen bilden eine Art Schleim, wenn man sie mit Flüssigkeit in Verbindung bringt. Eine Möglichkeit ist, zunächst eine Art Gel herzustellen. Dazu lässt man Leinsamen in doppelter Menge Wasser und Chiasamen in sechsfacher Menge Wasser quellen. In diesen Schleim lassen sich weitere Zutaten einarbeiten. So erhält man die Grundlage für einen Teig. Die zweite Möglichkeit ist, dass die trockenen Samen in flüssige oder feuchte Speisen eingearbeitet werden. Man kann die Samen ganz lassen oder sie vorher schroten oder mahlen, wodurch sich die Gesamtoberfläche vergrößert.

Ein weiteres wichtiges und viel verwendetes Bindemittel sind Flohsamenschalen. Hier ist zu beachten, dass es sich nicht um ganze Flohsamen handelt – bitte beim Einkauf darauf achten! Flohsamen bestehen zum großen Teil aus unverdaulichen Ballaststoffen und Schleimstoffen. Sie werden ebenfalls bei sanften Darmsanierungen empfohlen. Die Flohsamenschalen können mehr als das 50-Fache ihrer Masse an Flüssigkeiten binden und quellen um 10 bis 15 Prozent ihres Volumens auf. Ich mahle die Flohsamenschalen vor der Verarbeitung gerne, so fügen sie sich unauffälliger in die Gerichte ein.

Johannisbrotkernmehl ist weniger wichtig für die Rezepte in diesem Buch, da es eher ein Verdickungs- als Bindemittel ist und in flüssigen Speisen eingesetzt wird. Die Vanillesauce ▶ Seite 72, die als Beilage dient, wird mit Johannisbrotkernmehl verdickt.

Ausreichend Wasser trinken

▶ Grundsätzlich ist bei gedörrten Speisen darauf zu achten, dass du entsprechend viel Wasser trinkst – schließlich wird das Wasser den natürlichen Lebensmitteln entzogen und fehlt somit. Beim Verzehr von Broten, Crackern oder anderem Gebäck gilt dies umso mehr, weil die verwendeten Bindemittel auch im Darm noch weiter Flüssigkeit binden können. Auch die positiven Effekte auf die Verdauung stellen sich nur dann ein, wenn genügend Wasser zugeführt wird.

SÜSSUNGSMITTEL UND IHRE EIGENSCHAFTEN

Raffinierter Haushaltszucker gehört in keine gesundheitsbewusste Küche und damit auch nicht in die Rohkost. Zucker kommt in der Natur in einem Lebensmittel nicht isoliert vor, sondern im natürlichen Verbund mit unterschiedlichen Begleitstoffen wie Vitaminen, Mineralien und Ballaststoffen. Diese sorgen für eine vollständige Verstoffwechselung des Zuckers. Was im Umkehrschluss bedeutet, der Körper muss bei einem isolierten Zucker die Mineralien aus seinen eigenen Depots beisteuern und betreibt damit Raubbau an sich selbst. Streng genommen ist also nur Zucker aus naturbelassenen Lebensmitteln gesunder Zucker, denn diese enthalten die notwendigen Begleitsubstanzen. Ganz grundsätzlich ist es also ratsam, auch alternative Süßungsmittel bewusst einzusetzen. Hinsichtlich des Dörrens sind außerdem die verschiedenen Eigenschaften der Süßungsmittel zu beachten, so dass diese nicht variabel miteinander austauschbar sind. Meine präferierten Süßungsmittel in der Dörrküche sind Ahornsirup, Kokosblütenzucker und Trockenfrüchte, vor allem

Datteln. Bei Ahornsirup und Kokosblütenzucker handelt es sich streng genommen nicht um rohe Produkte. Wegen ihrer im Vergleich zu anderen Süßungsmitteln positiven Eigenschaften werden sie in der Rohkost-Küche aber gerne verwendet.

Ahornsirup ist der eingedickte Saft kanadischer Ahornbäume. Es handelt sich also um ein relativ naturbelassenes Produkt. Allerdings ist es wichtig, hochwertige Bio-Marken zu kaufen, da günstige Produkte oft mit Zuckerwasser verlängert sind. Ahornsirup hat im Gegensatz zu Haushaltszucker einen kräftigeren Eigengeschmack. Je nach Qualitätsgrad und Farbe ist der Ahornsirup intensiver oder milder im Geschmack. Ahornsirup verfügt über die besondere Eigenschaft, dass er beim Dörren fest wird. Ich nutze ihn gerne in Rezepten, in denen ich eine knusprige Konsistenz brauche. Eine noch gesündere und hochwertigere Alternative ist Yaconsirup, der allerdings noch nicht überall zu bekommen ist.

Datteln und Kokosblütenzucker sind beliebte Süßungsmittel in der Rohkost-Küche.

Kokosblütenzucker hat unter den Süßungsmitteln besonders viele gesundheitliche Vorzüge aufzuweisen, weswegen er mein Favorit ist. Er hat einen sehr niedrigen glykämischen Index sowie einen geringen Fruktoseanteil und enthält vergleichsweise viele Mineralstoffe. Gewonnen wird er aus dem frischen Saft der Kokosblüte, indem der Blütensaft zu einem dicken Sirup eingekocht wird, der so lange weiter erwärmt wird, bis er auskristallisiert. Daher handelt es sich auch nie um ein rohes Produkt. Für manche Gerichte mahle ich den Kokosblütenzucker vorher, so dass er besonders fein wird.

Datteln, die man ja bereits als getrocknete Ware kauft, besitzen eine klebrige Konsistenz. Diese verändert sich logischerweise auch beim Dörren nicht. Das Süßen mit Datteln oder anderen Trockenfrüchten verhält sich insofern ganz anders als bei Ahornsirup oder Kokosblütenzucker. Das Klebrige wird gerne genutzt, um damit Teige oder andere Speisen zusammenzuhalten. Ich verwende in meinen Rezepten die weichen Medjool-Datteln, die sich auch im Mixer und der Küchenmaschine sehr gut verarbeiten lassen. Wenn du eine andere Sorte präferierst, dann weiche die Datteln einfach vorher für etwa 3 Stunden in Wasser ein. Mixt du Datteln und Wasser im Mixer, so erhältst du Dattelpaste und damit ein dickflüssiges Süßungsmittel.

Xylit zu Puderzucker mahlen

▶ Xylit ist ein sogenannter Zuckeraustauschstoff, der in der gesundheitsbewussten Szene gerne verwendet und empfohlen wird, da er den Blutzuckerspiegel kaum beeinflusst. Ich persönlich verwende Xylit selten. Ein echtes Highlight ist Xylit allerdings, wenn man es mahlt. Dann ist es dem normalen Puderzucker zum Verwechseln ähnlich und unverzichtbar bei der Zubereitung von Weihnachts-Rezepten!

WASSER MACHT DEN UNTERSCHIED

Der Hinweis auf Wasser fällt nur kurz aus, auch wenn dieses Thema wirklich nicht zu unterschätzen ist.

Gesagt sei, dass bei der Zubereitung von Rohkost-Gerichten stets darauf zu achten ist, dass gutes, reines Wasser verwendet wird. Dies hat nicht nur gesundheitliche und geschmackliche Vorteile, sondern auch einen entscheidenden Einfluss auf die Qualität des Ergebnisses. So ist mir immer wieder aufgefallen, dass beim Einweichen und Keimen von Lebensmitteln die Wahrscheinlichkeit der Fäulnis- oder Schimmelentwicklung größer ist, wenn ich ungefiltertes Leitungswasser verwende. Auch die Haltbarkeit bei nicht ganz trockenen Dörrspeisen sowie bei manchen Broten aus diesem Buch ist mit ungefiltertem Leitungswasser geringer. Ein Wasserfilter erhöht nicht nur die Qualität der Speisen, sondern spart außerdem Geld und Arbeit beim Schleppen von Wasserkisten. Ich kann diese Anschaffung jedem ans Herz legen.

BASICS FÜR JEDEN TAG

In unserem Haushalt gibt es immer einen Vorrat von ganz bestimmten getrockneten Speisen. Dazu gehört z. B. getrocknetes Obst, das fast täglich unsere Frühstücksmahlzeiten aufpeppt. Obstleder ist bei uns sehr beliebt, weil es sich schnell und einfach füllen lässt oder den Kindern als Süßigkeit zwischendurch dient. Mehl und Trester sind tolle Zutaten für Gebäck und gleichzeitig können wir Reste der rohen Milch verwerten, die für ein leckeres Frühstück unverzichtbar ist. In diesem Kapitel zeige ich dir deshalb, wie du diese Basics herstellst und was du dabei beachten solltest!

OBST UND GEMÜSE DÖRREN

Im Kapitel „Vorbereitung des Dörrgutes" ▶ Seite 30 habe ich bereits einige wichtige Punkte hinsichtlich des Trocknens von Obst und Gemüse erklärt. An dieser Stelle möchte ich noch einmal auf einzelne Obst- und Gemüsesorten eingehen, einige Ideen präsentieren sowie meine ganz eigenen Erfahrungen teilen. Selbst gedörrtes Obst und Gemüse unterscheidet sich wesentlich von dem aus dem Supermarkt gekauften Dörrprodukten. Nicht nur im Preis oder selbstverständlich in der Qualität und dem Vitalstoffgehalt (im Handel wirst du mit hoher Wahrscheinlichkeit keine rohen Produkte bekommen), sondern auch im Aussehen. Manches natürlich gedörrtes Obst bräunt während des Trocknens. In der industriellen Herstellung wird das mit Hilfe von Ascorbinsäure oder Schwefel verhindert. Chemische Zusatzstoffe verringern die Qualität und den Gesundheitsnutzen. Bitte wundere dich also nicht, wenn dein Dörrergebnis optisch von dem abweicht, was du bisher gekannt hast. Es ist ein gutes Zeichen!

Die Schalen von Obst enthalten Vitamine und Geschmackstoffe, weswegen ich sie grundsätzlich dran lasse. Bitte aber nur bei Bio-Produkten!

Äpfel: Säuerliche Sorten eignen sich gut zum Dörren, z. B. Elstar oder Rubinette. Durch den eigenen Säuregehalt werden diese Sorten beim Trocknen nicht braun. Überreife oder mehlige Apfelsorten eignen sich nicht so gut. Aus 1 Kilo Äpfel werden etwa 100 Gramm Trockenäpfel. Tritt beim Zusammendrücken des Fruchtfleisches keine Feuchtigkeit mehr aus, ist der Apfel trocken genug für die Aufbewahrung. Für knusprige Apfelchips wird der Wassergehalt bis zum gewünschten Ergebnis weiter reduziert.

Birnen: Süße Birnen mit festem Fruchtfleisch verwenden. Nicht zu lange dörren, dann ist ihre Konsistenz zu fest und erzeugt kein schönes Mundgefühl mehr.

Steinobst (z. B. Aprikosen, Pflaumen, Kirschen): Reifes Obst verwenden, denn nur dann lässt sich der Kern leicht entfernen.

Getrocknetes Obst ist ein sehr beliebter Kinder-Snack.

Die Früchte halbieren oder vierteln sowie den Kern entfernen. Da die Dörrzeit recht lang ist, trockne ich Steinobst bis zu 60 °C je nach Ausgangsprodukt und Dörrofen.

Erdbeeren: Erdbeeren sind sehr wasserhaltig. Deshalb am besten in dünne Scheiben schneiden, um die Oberfläche zu vergrößern und die Verdunstung zu beschleunigen.

Zitrusfrüchte: Diese verwende ich in der getrockneten Variante gerne als Dekoration. Ich finde sie tatsächlich sehr hübsch, aber auch sehr lecker! Zitrusfrüchte nur mit Schale dörren und daher Produkte aus ökologischem Anbau verwenden. Scheiben mit einem scharfen Gemüsehobel schneiden, etwa 4 mm dick. In Rohkostqualität gedörrt bleiben die wunderbaren ätherischen Öle erhalten.

Bananen: Bananen sind nicht ganz einfach zu dörren. Ich wähle dafür schlankere Exemplare aus, die ich längs halbiere, dann viertele und mit der Außenseite auf ein Dörrgitter lege. Dickere Bananen besser quer in runde Scheiben schneiden. Allerdings sollte dann eine Dörrfolie verwendet werden, da die Bananen sonst am Dörrgitter festkleben. Das verlängert die Dörrzeit. Aus meiner Erfahrung benötigen Bananen bei 60 °C etwa 16 Stunden. Haltbar sind sie, wenn sie nicht mehr kleben.

Kiwi, Ananas, Kaki: Mit diesen Obstsorten verfahre ich sehr ähnlich. Mit dem Gemüsehobel schneide ich die Früchte etwa 3 bis 5 mm dick und dörre sie dann. Ananas und Kiwi schäle ich oft noch nicht einmal, weil es Zeit spart und hübsch aussieht. Gerade Kindern macht es auch Spaß, die Schale hinterher beim Essen zu entfernen oder abzunagen.

Zimt, Kokosblütenzucker, Schokoladenglasur

▶ Ich liebe es, das Obst vor dem Trocknen mit Gewürzen wie Zimt und Kokosblütenzucker zu bestreuen oder einen Tropfen ätherisches Öl in etwas Orangensaft zu träufeln und die Früchte mit dem Finger damit zu bestreichen. Schön ist es auch, das trockene Obst vor dem Servieren mit einer Schokoladenglasur ▶ Seite 168 zu überziehen.

Vieles, was für Obst gilt, trifft auch auf Gemüse zu. Vor allem was die Auswahl der Qualität, die Vorbereitung und Reinigung angeht. Eine Restfeuchte von 8 bis 12 Prozent ist ideal. Das Gemüse ist bereits lagerfähig, aber auch noch nicht zu hart. Wird Gemüse zu lange gedörrt, kommt es zu Zellschäden, das Gemüse ist sehr hart und ist im Aroma nicht mehr so schön. Auch dafür bekommt man nach einer Weile ein gutes Gefühl!
Die meisten Obstsorten wie Äpfel, Birnen, aber auch Tomaten fühlen sich gedörrt ledrig und weich an und bleiben biegsam. Gemüse hingegen ist gedörrt meistens hart, trocken und spröde.

Zucchini: Zucchini gehört zu den sehr einfach anzubauenden Gemüsesorten und jeder Hobbygärtner hat bereits die Erfahrung einer viel zu großen Ernte gemacht! So habe zumindest ich begonnen, mit Zucchini zu experimentieren, besonders natürlich im Dörrofen, um sie für das Jahr haltbar zu machen. Verwendet werden junge Zucchini. Da Zucchini bei zu langer Lagerung bitter werden können, sollte man mit dem Trocknen nicht zu lange warten. Zucchini in etwa 5 mm dicke Scheiben schneiden oder hobeln und etwa 12 bis 14 Stunden trocken. Schön auch als Chips!

Paprika: Ich verwende meistens die Spitzpaprika zum Trocknen. Dazu die Frucht halbieren, Kerne und Stiel entfernen und in feine Streifen schneiden.
Bei 42 °C brauchen Paprika etwas länger, meiner Erfahrung nach mindestens 18 Stunden. Alternativ bei 60 °C trocknen. Die Früchte sollten noch biegsam sein, jedoch darf keine Feuchtigkeit beim Zusammendrücken austreten.

Kurz gedörrte Tomaten für Pizza oder als Beilage.

Tomaten: Am besten eignen sich meiner Erfahrung nach kleine süße Sorten mit einem intensiven Aroma. Ich halbiere die Tomaten und lege sie mit der Schalenseite auf das Dörrgitter. Sehr gerne beträufle ich die Tomatenhälften vor dem Trocknen mit etwas Olivenöl und mediterranen Gewürzen. Ich entnehme diese dann bereits nach wenigen Stunden und verwende sie für Pizza oder Belag für Brote. Für die Lagerung bitte darauf achten, die Tomaten lange genug zu dörren, da diese recht unbemerkt beginnen können, zu schimmeln. Größere Tomaten in Scheiben schneiden und die ersten Stunden eine Dörrfolie verwenden. Ich dörre Tomaten wirklich sehr lang, etwa 24 Stunden, gerne zusammen mit Paprika, da beide Gemüsesorten sehr lang brauchen und es sich erst dann richtig lohnt, das Dörrgerät zu füllen.

Wurzelgemüse: Rote Bete, Möhren oder Pastinaken trockne ich immer mal wieder, für Knabbergemüse oder Chips. Rote Bete kann in getrockneter Form auch zu Pulver verarbeitet werden, das sich wunderbar als natürliches Färbemittel eignet. Wurzelgemüse hoble ich in maximal 5 mm dicke Scheiben, würze oder mariniere sie und dörre sie dann etwa 18 Stunden.

Keime und Sprossen: Getreide, Buchweizen und Sonnenblumenkerne verwende ich in meiner Dörrküche sehr häufig. Andere Keime und Sprossen, z. B. Mungobohnen, Brokkoli, Senf oder Rettich verwende ich frisch in Salaten oder als Brotauflage. Selbstverständlich können diese auch getrocknet werden, was aus meiner Sicht vor allem dann sinnvoll ist, wenn eine Überproduktion vorliegt. Das gleiche gilt für Grünkraut wie Weizengras. Möglichst nicht über 35 °C trocknen. Sei bitte nicht überrascht, wenn nicht viel übrig bleibt. Der Volumenverlust ist immens.

Darüber hinaus kann selbst überreifes oder auch bereits leicht alkoholisiertes Obst getrocknet werden, da sich der Alkohol beim Dörrvorgang verflüchtigt.

OBST- UND GEMÜSELEDER

Obst- und Gemüseleder sind in der Rohkost-Szene schon lange geläufig, wobei der Begriff „Fruchtleder" (im Englischen fruit leather) wesentlich bekannter ist. In Deutschland wurde dieser Name markenrechtlich geschützt und darf daher nicht mehr verwendet werden. Gemeint sind pürierte bzw. gemixte Früchte, die bei 42 °C getrocknet werden. Dabei entstehen leicht lederartige Platten, woher der Name Leder stammt.

Die Zubereitung ist sehr einfach. Obst und Gemüse wird nach dem Waschen und entkernen fein gemixt und auf einer Dörrfolie gleichmäßig ausgestrichen und anschließend im Dörrofen getrocknet. Ist das Obst- oder Gemüseleder fertig, lässt es sich viele Monate und länger aufbewahren. Ich lege die flexiblen Platten dafür auf Backpapier und rolle sie ein. Zum Schluss fixiere ich die Rollen mit Gummibändern. Bei der Aufbewahrung sind die grundsätzlichen Hinweise zur Lagerung von Dörrgut zu beachten ▶ Seite 38.

Spannender wird es hingegen, wenn man das Leder weiterverarbeitet. Beispielsweise lassen sich Formen oder feine Streifen schneiden, ein toller Hingucker und sehr beliebt bei Kindern. Es lassen sich Wraps oder Apfelstrudel daraus machen, kleine Täschchen oder Tüten. Ich selbst benutze gerne eine Zick-Zack-Schere und schneide Fruchtgummi-Streifen aus dem Leder. Das geht so schnell und einfach und ersetzt jede bunte Süßigkeit aus dem Supermarkt! Der Kreativität sind wirklich keine Grenzen gesetzt.

Ich verwende für meine Obst- und Gemüseleder nur wenige Zutaten. Die Basiszutaten sind natürlich Obst oder Gemüse. Welche Sorten sich eignen und welche nicht, findest du am Ende dieses Kapitels. Zudem verwende ich als Zutat gerne verschiedene Nussmuse, die ich mit den Früchten mixe. Vor allem Mandel- oder Erdnussmus kann ich sehr empfehlen. Für grüne Obstleder und auch um das Leder durch Vitalstoffe aufzuwerten, verwende ich gerne Wildkräuter oder Spinat. Auch Kakao- oder Carobpulver lassen sich wunderbar in das Leder verarbeiten.

Verschiedene Obstleder.

Gewürze und ätherische Öle

Wodurch die Obst- und Gemüseleder eine ganz besondere Raffinesse bekommen, sind selbstverständlich Gewürze: Vanille, Zimt, Lebkuchengewürze oder für pikante Varianten Curry, Chili, Pfeffer oder italienische Gewürzkräuter. Orangen- oder Zitronenschale geben eine ebenso tolle extra Note. Eine Geheimzutat sind ätherische Öle, z.B. Lavendel oder Rose. Ein Tropfen davon reicht bereits, um ein Leder mit extravagantem Aroma zu kreieren. Hin und wieder sprenkle ich das Fruchtpüree vor dem Dörren beispielsweise mit geschälten Hanfsamen, Kokosraspeln oder Sesam. Ich komme regelmäßig in eine Zubereitungs-Ekstase, wenn ich Obst- und Gemüseleder herstelle, weil die Ideen in meinem Kopf nur so sprudeln. Wie auch in anderen Zubereitungen sind Leinsamen, Chiasamen oder Flohsamenschalen auch bei Obst- und Gemüseledern eine schöne Zutat, mit der man die Leder teilweise etwas strapazierfähiger und flexibler machen kann – das hängt aber immer von den verwendeten Früchten ab. Zuletzt noch der Hinweis, dass ich vom Süßen der Leder abrate. Möchte man extra süßen, so am besten mit Agavendicksaft oder etwas Dattelpaste. Ahornsirup oder Kokosblütenzucker werden beim Trocknen fest, wodurch das Leder seine typische Flexibilität verliert.

Mit welchen Früchten gelingt's?

Bei der Wahl der Früchte gibt es gewisse Grundregeln für das gute Gelingen der Leder, denn die jeweiligen Eigenschaften unterschiedlicher Obst- und Gemüsesorten haben Einfluss auf das Dörrergebnis. Deshalb sollte man ein paar wenige Hinweise beachten, um Frust in der Küche zu vermeiden. So sind der Zucker- sowie Pektingehalt einer Frucht ein wichtiger Einflussfaktor auf das Gelingen des Leders. Umso höher der Zuckergehalt im Obstleder, auch durch zusätzliches Süßen, desto länger ist die benötigte Dörrzeit. Bei einem sehr hohen Anteil von Zucker wird das Obstleder sogar bei vollständiger Trocknung eine noch recht klebrige Konsistenz behalten.

Pektine sind pflanzliche Kohlenhydrate. Sie kommen vor allem in den zähen Teilen von Obst vor, z.B. in den Schalen von Äpfeln und Zitrusfrüchten. In der Lebensmittelindustrie werden Pektine auch als Gelier-, Stabilisierungs- und Verdickungsmittel eingesetzt. In der Herstellung von Obst- und Gemüseleder ist Pektin dafür verantwortlich, dass das Leder die typische lederartige Konsistenz bekommt. Einen hohen Pektingehalt haben beispielsweise Ananas, Äpfel, Pfirsiche, Aprikosen, Feigen oder Blaubeeren. Wenig Pektin enthalten Melonen, Zitrusfrüchte, Erdbeeren, Kirschen und die meisten Gemüsesorten. Möchtest du ein Obstleder aus einer Frucht mit wenig Pektin herstellen, so kann es passieren, dass das Leder rissig und brüchig wird. Abhilfe kannst du dir verschaffen, indem du dem Fruchtmus einen Teil einer pektinreichen Frucht untermixt. Auch Zitronensaft hilft, das Obstleder zu verdicken und somit eine lederartige Konsistenz zu erreichen.

Im Gegensatz zu konventionellen, gekauften Obstledern, die nicht roh sind, verlieren die rohen Obstleder beim Dörren oft ihre knalligen Farben. Also nicht enttäuscht sein, wenn ein Kiwileder nicht in dem knalligen Grün daherkommt, wie die ursprüngliche Frucht.

Je nach Dörrofen sind die benötigten Mengen an Zutaten natürlich unterschiedlich. Für einen Einschub im Excalibur Dörrofen mit Dörrfolien von 35×35 cm, verwende ich etwa 300 bis 500 g Früchte, wobei es selbstverständlich darauf ankommt wie dick das Obstleder werden soll. Die pürierten Früchte werden am besten mit Hilfe einer Winkelpalette auf die Dörrfolie ausgestrichen. Ziel ist es, das Obstleder möglichst gleichmäßig zu verteilen. Diese Arbeit erinnert ein bisschen an das Harken eines Zen-Gartens. Erfahrungsgemäß beträgt die Trockenzeit zwischen 8 und 14 Stunden, je nach Rezept. Du kannst das Obstleder ganz einfach zwischendurch überprüfen, indem du es an einer Ecke etwas hochziehst. Ist es an der Unterseite schon glatt und lässt sich von der Folie abziehen, ist es fertig. Vorsicht aber, denn es können trotzdem noch manche Stellen feucht sein, wenn das Obstleder ungleichmäßig aufgetragen wurde. In diesem Fall bleibt das Leder solange im Dörrofen, bis alles vollständig trocken ist. Möchtest du die Leder zu Wraps weiterverarbeiten, solltest du zusätzlich darauf achtgeben, dass das Leder nicht zu lange dörrt, da es zum Aufrollen nicht brüchig sein sollte. Gibt es an den Rändern brüchige Stellen, was nicht selten vorkommt, da es dort oft dünner ausgestrichen ist, schneidet man diese einfach ab. Nach ein paar Obstledern ist das Gefühl da und die Zubereitungen gelingen ohne Mühe!

Das Ausstreichen von Obstleder erfordert etwas Übung.

ROHE MEHLE HERSTELLEN

In den Rezepten dieses Buches werdet ihr immer wieder auf die Verwendung von rohen Mehlen stoßen. Rohe Mehle sind eine sehr wertvolle Zutat, die es bisher nicht im Handel zu kaufen gibt, da diese aus zuvor eingeweichten oder gekeimten Lebensmitteln hergestellt werden. Wie einfach das Keimen ist und warum es so wertvoll ist, habe ich dir gezeigt ▶ Seite 32. Besonders gerne verwende ich Buchweizenmehl. Wenn der Buchweizen zu keimen beginnt, gebe ich ihn zum Trocknen in den Dörrofen. Achte darauf, dass du ihn nicht zu dick schichtest, damit keine Gärung oder Fäulnis entsteht. Verwende lieber einen Einschub mehr oder mache mehrere Chargen hintereinander. Es ist sehr wichtig, dass der Buchweizen oder andere eingeweichte oder gekeimte Zutaten vollständig trocknen. Sonst lassen sie sich weder gut mahlen noch lässt sich Schimmelbildung bei längerer Lagerung vermeiden. Nach der vollständigen Trocknung gebe ich die Körner in den Mixer, wo ich sie zu Mehl mahle. Wenn du eine Getreidemühle

Für die Herstellung von Mehl sollte der Buchweizen angekeimt und wieder getrocknet sein.

Einfach im Mixer solange mixen, bis ein feines Mehl entstanden ist. Nicht zu warm werden lassen!

Anschließend kann das Mehl sofort weiterverarbeitet werden.

besitzt, dann muss ich dir leider sagen, dass diese zum Mahlen der zurückgetrockneten Saaten nicht geeignet ist.

Rohes Mehl ist wirklich so hochwertig. Ich liebe es, daraus Gebäck zu machen! Ich stelle rohes Mehl vor allem aus Buchweizen, Hafer oder Dinkel her. Der Geschmack variiert zu herkömmlichen Mehlen und auch besitzt Buchweizen per se einen eigenen Geschmack, den nicht alle sofort mögen. Experimentiere und probiere ein bisschen, damit du herausfindest, was dir am besten schmeckt.

Die Mehle werden wie üblich an einem trockenen und kühlen Ort in verschließbaren Behältern aufbewahrt.

ROHE PFLANZENMILCH UND TRESTER

Die Herstellung von roher Milch ist fester Bestandteil in der rohen Küche. Rohe Pflanzenmilch schmeckt nicht nur wunderbar, sondern liefert auch jede Menge basischer Mineralien. Ich liebe rohe Milch für meine Knuspermüslis, Haferflocken oder auch als Kakao zubereitet zum Sonntagsfrühstück. Benötigt werden für die Zubereitung ein leistungsstarker Mixer und ein feines Sieb. Ich empfehle den Kauf eines sogenannten Nussmilchbeutels, welcher besonders reißfest und fein ist. Im Handel angebotene pflanzliche Milchsorten beinhalten oft Zusatzstoffe und sind pasteurisiert, so dass ein großer Teil wichtiger Vitalstoffe verloren geht. Rohe Milch lässt sich aus verschiedenen Basiszutaten herstellen: aus Nüssen, Saaten, Hanfsamen. Dazu werden die gewünschten Zutaten einfach mehrere Stunden oder über Nacht in Wasser eingeweicht und anschließend gut gespült. Nun werden die Zutaten in den Mixer gegeben und mit Wasser aufgefüllt. Als Grundregel gilt das Verhältnis 1:4 von Nüssen oder Saaten zu Wasser. 250 Gramm Mandeln werden beispielsweise mit 1 Liter Wasser hergestellt. Wenn ich die Milch pur verwende, dann nehme ich zum Teil auch einen größeren Anteil an Nüssen. Nun wird alles sehr gut

Eingeweichte Mandeln mit gefiltertem Wasser in den Mixer geben.

Auf höchster Stufe sehr fein mixen.

Die Milch-Mandel-Mischung vorsichtig in einen Nussmilchbeutel füllen.

Den Beutel gut ausdrücken.

durchgemixt und die Milch mit den fein gemixten festen Bestandteilen durch einen Nussmilchbeutel in eine Schüssel gepresst. Fertig ist die Milch. Im Nussmilchbeutel übrig bleibt nun der sogenannte Trester, der aus Rückständen nach dem Auspressen der Milch entsteht.

Ich höre in meinen Workshops oft, dass der Trester als unerwünschtes Nebenprodukt im Abfall lande und dies nicht im Sinne einer nachhaltigen Ernährungsform sei. Nun, ich sehe den Trester als willkommenes Zusatzprodukt, das ich vor allem in meinen Broten sehr liebe! Am schönsten ist es natürlich, wenn der Trester im Anschluss gleich weiterverarbeitet wird. Das ist im Alltag aber nicht immer möglich. Im Kühlschrank lässt sich der Trester etwa 2 bis maximal 3 Tage aufbewahren. Alternativ kann er auch eingefroren oder, du hast es sicher schon erraten, im Dörrofen getrocknet werden. Der getrocknete Trester kann dann wiederum vermahlen werden, wobei ein sehr feines Mehl entsteht. Trester, der bei der Herstellung von Erdmandelmilch entsteht, ist mir im Urzustand immer etwas zu grob, wenn ich ihn direkt weiterverarbeite; hier lohnt sich der Zwischenschritt des Trocknens.
Wie viel Trester bleibt jeweils im Sieb oder Nussmilchbeutel zurück? Etwa die gleiche Menge wie die eingesetzte Ausgangszutat, wobei es auch darauf ankommt, wie sehr die Feuchtigkeit herausgepresst wird. Konkret: Aus einer Mandelmilch, die mit 200 g Mandeln hergestellt wird, gewinnt man etwa 150 bis 200 g Trester. Übrigens funktioniert das gleiche auch mit Trester, der bei der Herstellung von Gemüsesäften entsteht. In diesem Buch habe ich nur ein Rezept mit Möhrentrester (Mandeltoast ▸ Seite 136) aufgeführt, weil man für die Zubereitung einen Entsafter benötigt. Wer einen Entsafter besitzt, dem empfehle ich ab heute, den Trester nicht mehr wegzuwerfen!

Zwei wichtige Hinweise zu den Mengenangaben der Rezepte★

Mengenangabe meint das Gewicht ohne Stein (auch Datteln).
Eingeweichte und angekeimte Zutaten: Mengenangabe meint das Gewicht VOR dem Einweichen oder Ankeimen!

So entsteht nicht nur Milch, sondern auch Trester, der eine beliebte Zutat in der Dörrküche ist.

FRÜHSTÜCK

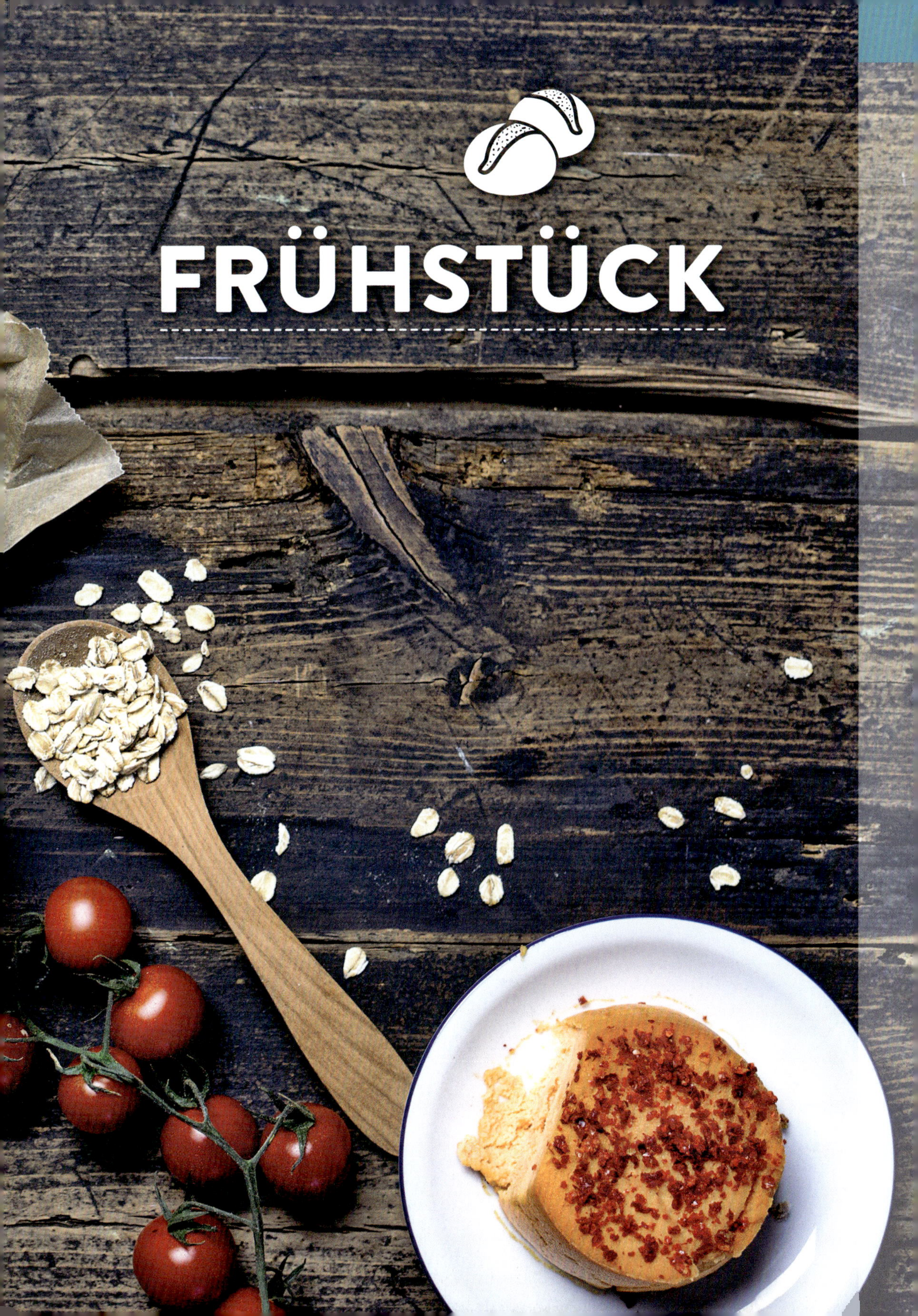

HAFERFLOCKEN

 ca. 10 Minuten

 ca. 6 Stunden

Nackthafer in beliebiger Menge

1. Nackthafer über Nacht in gutes Wasser einweichen. Am nächsten Tag gründlich waschen, bis das Spülwasser klar ist.
2. Den Hafer dünn auf Dörrfolien verteilen und etwa 6 Stunden bei 42 °C trocknen, bis er vollständig trocken ist.
3. Luftdicht aufbewahren und nach Bedarf mit Hilfe einer Flockenquetsche zu Haferflocken verarbeiten.

▶ Im Gegensatz zu gekauften Haferflocken besitzt dieser Hafer echte Rohkost-Qualität. Durch das Einweichen wird aus den Haferkörnern ein enzymreiches und lebendiges Produkt! Wer keine Flockenquetsche besitzt, verwendet den aktivierten Hafer für Mehl. Ich weiche Hafer in großen Mengen ein, denn ich liebe Haferflocken und verwende auch das Mehl regelmäßig. Mittlerweile gibt es im Online-Versand auch rohe Haferflocken zu kaufen. Du kannst selbstverständlich auch ganz normale Haferflocken verwenden, dann sind die Zubereitungen mit Haferflocken eben nicht 100 % roh, aber trotzdem noch lecker und gesund!

HAFER-BUCHWEIZEN-CRUNCH

 ca. 20 Minuten

 12–15 Stunden

Für einen mittelgroßen Vorrat

- 200 g Buchweizen
- 100 g weiche Datteln
- 125 ml Wasser
- 1 TL Zimt
- 200 g Haferflocken ▶ siehe oben
- 50 g goldene Leinsamen

1. Den Buchweizen über Nacht einweichen und nach Wunsch ankeimen ▶ Seite 31. Spülen und gut abtropfen lassen. In eine Schüssel geben.
2. Aus Datteln Wasser und Zimt im Mixer eine Dattelpaste mixen. Dattelpaste zum Buchweizen geben, anschließend Haferflocken und Leinsamen ebenfalls dazugeben. Alles gut vermischen.
3. Die Menge auf 2 Dörrfolien verteilen. 12–15 Stunden bei 42 °C bis zur vollständigen Trocknung dörren.

SCHOKOMÜSLI MIT ROSENWASSER

 ca. 20 Minuten

 12–16 Stunden

Für einen mittelgroßen Vorrat

200 g Buchweizen,
100 g Kürbiskerne,
über Nacht eingeweicht

150 g Haselnüsse

2 EL Kokosblütenzucker

4 EL Kakaopulver

3 EL Kakaonibs

100 g weiche Datteln

125 ml Wasser

1 EL Rosenwasser

1 TL Vanillepulver

½ TL Zitronenpulver ▶ Seite 209

1 Buchweizen und Kürbiskerne gut spülen und abtropfen lassen. Haselnüsse grob hacken und dazugeben. Kokosblütenzucker, Kakaopulver und Kakaonibs hinzufügen.

2 Datteln mit Wasser, Rosenwasser, Vanille- und Zitronenpulver zu einer Dattelpaste mixen und dazugeben. Mit den Händen gut vermengen.

3 Auf mehrere Dörrfolien nicht zu dick verteilen. Bei 42 °C 12 bis 16 Stunden trocknen. In Einmachgläsern aufbewahren. Auf vollständige Trocknung achten, sonst kommt es bei der Aufbewahrung zu Schimmelbefall.

BRENNNESSELSAMEN-GRANOLA

 ca. 20 Minuten

 12–15 Stunden

Für einen großen Vorrat

600 g Buchweizen,
250 g Sonnenblumenkerne,
über Nacht eingeweicht

50 g getrocknete Brennnesselsamen

60 g goldene Leinsamen

100 g Kokosblütenzucker

3 EL Ahornsirup

Saft von ½ Zitrone

1 TL Vanillepulver

1 Den Buchweizen nach Geschmack ankeimen lassen ▶ Seite 31. Buchweizen und Sonnenblumenkerne spülen und gut abtropfen lassen.

2 Beides mit Brennnesselsamen und Leinsamen in einer Schüssel mischen. Kokosblütenzucker, Ahornsirup, Zitronensaft und Vanille dazugeben und gut vermischen.

3 Auf einem Dörrgitter mit Dörrfolie verteilen und mindestens 12 Stunden bei 42 °C vollständig trocknen. Auf vollständige Trocknung achten, sonst kommt es bei der Aufbewahrung zu Schimmelbefall. In Einmachgläsern aufbewahren.

HERBSTLICHES KNUSPERMÜSLI MIT BIRNEN UND PISTAZIEN

 ca. 30 Minuten

 12–16 Stunden

Für einen großen Vorrat

250 g Buchweizen, über Nacht eingeweicht oder angekeimt

200 g Sonnenblumenkerne, über Nacht eingeweicht

75 g Pistazien

2 Birnen

30 g Chiasamen

6 EL Kokosblütenzucker, gemahlen

3 EL Ahornsirup

½ TL Orangenpulver ▶ Seite 209

¼ TL Kardamom

1 Buchweizen und Sonnenblumenkerne spülen und gut abtropfen lassen. In eine Schüssel füllen. Pistazien grob hacken und dazugeben.

2 Birnen in dünne Scheiben hobeln und in Streifen schneiden. Birnen, Chiasamen, Kokosblütenzucker, Ahornsirup, Orangenpulver und Kardamom hinzufügen.

3 Mit den Händen alles gut vermischen und auf 2 Dörrfolien nicht zu dick verteilen. Bei 42 °C 12 bis 16 Stunden trocknen. In Einmachgläsern aufbewahren.

Zubereitung von größeren Mengen

▶ Ich bereite Knuspermüsli und Granola in größeren Mengen zu, um über mehrere Wochen einen Vorrat zu haben. Ich habe mir für diesen Zweck große Emaille-Schüsseln mit Durchmessern bis zu 40 cm angeschafft, die mir ein guter und wichtiger Küchenhelfer auch bei anderen Zubereitungen sind!

FRÜHSTÜCKSKEKSE

 30 Minuten

 ca. 12 Stunden

Für ca. 15 Stück

- 60 g Sonnenblumenkerne
- 60 g Buchweizen
- 60 g Mandeln
- 1 EL Mandelmus
- 6 weiche Datteln
- 2 EL Carobpulver
- 100 ml Mandelmilch ▶ Seite 57
- 1 Apfel
- 2 EL Flohsamenschalen
- 1 TL Zimt

1. Sonnenblumenkerne, Buchweizen, Mandeln, Mandelmus, Datteln, Carobpulver und Mandelmilch in der Küchenmaschine mit S-Messer zu einem groben Teig mixen und in eine Schüssel füllen.
2. Den Apfel reiben. Apfelraspel, Flohsamenschalen und Zimt dazugeben.
3. Mit den Händen zu einem Teig verarbeiten, zu runden Keksen formen und auf einer Dörrfolie platzieren. Je dünner die Kekse, desto schneller sind sie fertig.
4. Bei 42 °C etwa 12 Stunden dörren. Nach 2 bis 3 Stunden wenden und ohne Dörrfolie weiterdörren.

Tipp★

Am Vorabend zubereiten und morgens in den Genuss lauwarmer Kekse kommen!

FRÜHSTÜCKSBROT

 ca. 20 Minuten

 3 Stunden

Für etwa 12 Scheiben

- 80 g goldene Leinsamen, gemahlen
- 100 g Erdmandelmehl
- 130 g Mandeltrester
- 4 EL Flohsamenschalen, gemahlen
- 1 Zucchini
- 1 EL Zitronensaft
- 3 weiche Datteln
- ½ TL Salz
- 125 ml Wasser
- 1–2 EL Mohn zum Bestreuen

1. Leinsamen, Erdmandelmehl, Mandeltrester und Flohsamenschalen in einer Schüssel mischen.
2. Zucchini schälen und klein schneiden. Zucchini mit den übrigen Zutaten bis auf den Mohn im Mixer mixen und dazugeben. Alles verrühren und dann mit den Händen zu einem Teig kneten.
3. Teig zu einem Laib formen und mit Mohn einreiben. In Scheiben schneiden und diese auf Dörrfolien legen. Im Dörrofen 3 Stunden bei 42 °C dörren. Nach etwa 2 Stunden wenden und ohne Dörrfolie weitertrocknen.

Tipp★

Das Brot schmeckt bereits nach ca. 3 Stunden. Über Nacht gedörrt und frisch verspeist, ist es etwas knuspriger. Innerhalb von 2 bis 3 Tagen verbrauchen und im Kühlschrank aufbewahren.

SCHNELLER SCHOKOLADENSTREICH

 ca. 5 Minuten

- 3 große EL Haselnussmus
- ½ TL Vanillepulver
- 3 EL Ahornsirup
- 3 EL Kakaopulver
- etwas Wasser

1. Alle Zutaten in einer Schüssel gut vermischen.
2. Nur so viel Wasser hinzufügen, bis die gewünschte Konsistenz entsteht.

Tipp★

Ich habe die Erfahrung gemacht, dass der Aufstrich bei der Verwendung von Leitungswasser schneller verdirbt. Verwendet man sauberes, gefiltertes Wasser, so kann der Aufstrich mehrere Wochen halten.

BEERENMARMELADE

 ca. 10 Minuten
Quellzeit: 2 Stunden

- 250 g Beeren, frisch oder aufgetaute Tiefkühlware
- 1 EL Ahornsirup
- 2 EL Chiasamen

1 Beeren in der Küchenmaschine mit S-Messer grob häckseln und in eine Schüssel geben. Ahornsirup und Chiasamen dazugeben und gut unterrühren.

2 Im Kühlschrank etwa 2 Stunden quellen lassen. Bei Bedarf kann man die Marmelade auch schon vorher servieren.

Innerhalb von 2 bis 3 Tagen verbrauchen und im Kühlschrank aufbewahren.

POWER-HANF-RIEGEL

 ca. 15 Minuten

 12 Stunden

Für ca. 13 Stück

- 100 g getrocknete Aprikosen
- 75 g Datteln
- 70 g Hanfsamen, geschält
- 60 g Haferflocken ▶ Seite 63
- 20 g Hanfprotein
- 1 EL Mandelmus
- Saft von ½ Orange
- 1 TL Vanillepulver
- 1 Prise Salz

1 Alle Zutaten in die Küchenmaschine mit S-Messer geben und zu einer feinkörnigen und klebrigen Masse verarbeiten.

2 Den Teig mit Hilfe einer Silikonform zu Riegeln formen (ich verwende eine mit der Größe 3 × 6,5 cm und einer Höhe von etwa 1,5 cm). Teig dafür in die Form pressen und wieder herauslösen. Auf Dörrfolien platzieren und 8 Stunden bei 42 °C dörren. Nach 2 Stunden wenden und ohne Dörrfolien weiterdörren.

3 Wer keine Silikonformen hat, verwendet eine andere Form oder Schüssel. Der Teig muss festgedrückt werden, bevor in die entsprechende Form geschnitten wird.

Hanf ist Geschmackssache

▶ Hanf hat einen sehr eigenen Geschmack. Wer noch nie Hanf ausprobiert hat, sollte mit diesem Rezept vorsichtig sein und sich erst einmal mit dem Geschmack anfreunden. Wer Hanf mag, wird dieses Rezept lieben!

KARAMELLISIERTE SOMMERFRÜCHTE

 ca. 20 Minuten

 3–4 Stunden

Für 2–4 Personen

- 4 Pfirsiche
- 3 Aprikosen
- 3 Nektarinen
- 1–2 EL Ahornsirup
- 1–2 EL Rosenzucker ▶ Seite 215

1 Pfirsiche, Aprikosen und Nektarinen aufschneiden und den Kern entfernen. Die Früchte in schmale Spalten schneiden und in eine Schüssel geben.

2 Ahornsirup und Rosenzucker dazugeben und sanft miteinander vermengen, so dass die Früchte gleichmäßig benetzt sind. Auf einer Dörrfolie verteilen.

3 Im Dörrofen bei 42 °C 3 bis 4 Stunden dörren und noch warm mit der Vanillesauce servieren.

Saison-Tipp★

Selbstverständlich lassen sich auch andere Früchte in dieser Art zubereiten. Im Herbst nehme ich gerne Pflaumen und Birnen und im Frühjahr Erdbeeren und Himbeeren.

VANILLESAUCE

 ca. 10 Minuten

Für 2–4 Personen

- 100 g Cashews, 2 Stunden eingeweicht
- 1 TL Vanillepulver
- 2 EL Ahornsirup
- 250 ml Mandelmilch ▶ Seite 57
- 1 TL Johannisbrotkernmehl

1 Cashews gut abspülen und in den Mixer geben.

2 Vanille, Ahornsirup und Mandelmilch hinzufügen und zu einer glatten Sauce mixen.

3 Zum Schluss Johannisbrotkernmehl dazugeben und noch einmal kurz untermixen. Vanillesauce in eine Karaffe füllen und etwas quellen lassen.

BANANENBROT MIT SONNTAGSAUFSTRICHEN

 ca. 20 Minuten

 2–4 Stunden

Für etwa 10 Scheiben

- 200 g Mandeln
- 50 g goldene Leinsamen, gemahlen
- 2 EL Flohsamenschalen, gemahlen
- 50 g Kokosmehl
- 3 Bananen
- 5 weiche Datteln
- 1 EL Zitronensaft
- optional 1 TL Zimt

1. Die Mandeln in der Küchenmaschine zu Mehl verarbeiten und in eine Schüssel geben. Leinsamen, Flohsamenschalen und Kokosmehl dazugeben und mischen. Zur Seite stellen.
2. Übrige Zutaten mixen und zu den trockenen Zutaten geben. Alles gut miteinander vermengen. Mit den Händen kneten und zu einem Laib formen.
3. Den Laib in 2 cm dicke Scheiben schneiden, auf ein Dörrgitter geben und bei 42 °C etwa 2 bis 4 Stunden dörren.

Innerhalb von einer Woche verbrauchen und im Kühlschrank aufbewahren.

Tipp★

Ein spätes Frühstück hat viele gesundheitliche Vorteile, da der Körper so die Entgiftungsarbeit der Nacht optimal fortsetzen kann. Viele Menschen haben morgens intuitiv noch keinen Hunger. Gerade ein üppigeres Frühstück wie dieses macht besonders viel Spaß, wenn man den Vormittag schon mit etwas Sport, Gartenarbeit oder einem Spaziergang verbracht hat!

HAFERSCHNITTEN

 ca. 20 Minuten

 12–15 Stunden

Für 1 Einschub

130 g Haferflocken ▶ Seite 63

3 EL goldene Leinsamen, gemahlen

3 EL weißes Mandelmus

2 EL Ahornsirup

½ TL Zimt

180 ml Wasser

65 g ungezuckerte Cranberries

1. Haferflocken mahlen und in eine Schüssel geben. Gemahlene Leinsamen dazugeben.
2. Mit allen weiteren Zutaten mischen, zu einem Teig rühren und etwa 20 Minuten quellen lassen.
3. Mit Hilfe einer Winkelpalette gleichmäßig auf einer Dörrfolie ausstreichen, in die gewünschte Form einschneiden (eventuell einen Ausstecher verwenden) und in den Dörrofen schieben.
4. In der ersten Stunde bei 63 °C dörren, dann die Temperatur auf 42 °C reduzieren. Nach weiteren 2 Stunden können die Haferschnitten gewendet und ohne Dörrfolie weitergedörrt werden. Insgesamt brauchen die Haferschnitten 12 bis 15 Stunden je nach gewünschter Konsistenz.

Innerhalb von einer Woche verbrauchen und im Kühlschrank aufbewahren.

Cranberries

▶ Achte beim Kauf besonders darauf, dass die Cranberries ungesüßt sind oder zumindest mit einem alternativen Süßungsmittel gesüßt. Ich habe ein ungesüßtes Produkt im Reformhaus gefunden und bin damit sehr zufrieden.

APFEL-PEKAN-MUFFINS

 30 Minuten

 ca. 6–12 Stunden

Für ca. 8 Stück

Teig:

- 300 g Äpfel
- 85 g weiche Datteln
- Saft von ½ Zitrone
- 1 TL Zimt
- 200 g Erdmandelmehl
- 1 EL Flohsamenschalen, gemahlen

Topping:

- 100 g Pekannüsse
- 1 TL Ahornsirup

1 Die Äpfel vom Gehäuse entfernen, klein schneiden und mit Datteln, Zitronensaft und Zimt in einem Mixer fein mixen. In eine Schüssel geben.

2 Erdmandelmehl sowie Flohsamenschalen dazugeben und alles gut vermischen. Etwa 20 Minuten stehen lassen, bis der Teig etwas andickt.

3 Den Teig mit den Händen zu Kugeln formen und in Muffinformen setzen. In die passende Form bringen.

4 Für das Topping Pekannüsse und Ahornsirup in der Küchenmaschine mit S-Messer grob häckseln. Das Topping auf die Muffins verteilen und sanft in den Teig drücken.

5 Im Dörrofen bei 42 °C mindestens 6 Stunden bis zur gewünschten Konsistenz dörren, praktischerweise auch über Nacht.

Die Muffins halten sich etwa eine Woche im Kühlschrank.

Tipp★

Auch lecker mit Orangen- und Zitronenpulver, Ingwerpulver, Anis und etwas Piment.

SONNTAGSBRÖTCHEN

 ca. 20 Minuten

 12–15 Stunden

Für 6 Brötchen bzw. 12 Hälften

- 3 EL Chiasamen
- 100 ml Wasser
- 100 g Haferflocken ▶ Seite 63
- 50 g goldene Leinsamen, gemahlen
- 3 EL Kokosmehl
- 150 g Mandeltrester
- 3 EL Rapsöl
- 200 ml Mandelmilch ▶ Seite 57
- ½ TL Salz
- evtl. Körner zum Garnieren

1. Chiasamen in 100 ml Wasser einrühren und quellen lassen.
2. Haferflocken mahlen und in die Küchenmaschine mit S-Messer geben. Gemahlene Leinsamen und Kokosmehl dazugeben und kurz mixen, bis alles miteinander vermengt ist.
3. Mandeltrester, Chiasamen-Gel, Rapsöl, Mandelmilch und Salz dazugeben und zu einem Teig verarbeiten.
4. Mit den Händen zu 6 Brötchen formen und nach Geschmack mit Körnern garnieren. Auf ein Dörrgitter platzieren und insgesamt 5 bis 6 Stunden oder nach gewünschter Konsistenz dörren. Nach 2 Stunden die Brötchen halbieren und weiterdörren.

Innerhalb von 2 bis 3 Tagen verbrauchen.

HAUPTSPEISEN

GEMÜSEAUFLAUF

 30 Minuten

 ca. 5 Stunden

Für 4–6 Portionen

Gemüse:

- 200 g Champignons
- 250 g Tomaten
- 1 Zucchini
- 1 Zwiebel
- 1 Paprika
- 5 EL Olivenöl
- 1 TL Salz

Käse:

- ½ Zucchini
- 100 g Macadamianüsse, mind. 2 Stunden eingeweicht
- 1 TL getrockneter Oregano
- 1 TL getrockneter Basilikum
- 2 TL Hefeflocken
- Saft von ½ Zitrone

1 Das Gemüse jeweils in dünne Scheiben hobeln oder schneiden und in eine Schüssel geben. Olivenöl und Salz dazugeben und untermischen.

2 Für den Käse Zucchini schälen, grob zerkleinern und in den Mixer geben. Macadamianüsse abspülen und mit den restlichen Zutaten dazugeben. Alles glatt mixen.

3 Die Hälfte der Käsecreme mit dem Gemüse mischen und in eine Auflaufform geben. Den restlichen Käse darüber verteilen.

4 5 Stunden bei 42 °C dörren.

Tipp★

Frische, fein gehackte Kräuter unter das Gemüse mischen. Mediterrane Kräuter passen besonders gut!

SPINAT-QUICHE

 ca. 45 Minuten

 2–4 Stunden

Für eine 24er Tarteform

Teig:

- 200 g Buchweizen, über Nacht eingeweicht oder angekeimt
- 100 g Paranüsse, über Nacht eingeweicht
- 2 kleine Lauchzwiebeln
- 3 EL Leinsamen, gemahlen
- 1 EL Rosinen
- 2 EL Sojasauce
- 1 TL Salz

Füllung:

- 125 g Spinat
- 100 g Zucchini
- 100 g Cashews, 2 Stunden eingeweicht
- 125 ml Mandelmilch ▶ Seite 57
- Saft von ½ Zitrone
- 1–2 EL Hefeflocken
- 1 TL Salz
- 1 EL Sojasauce
- 1 TL Zwiebelpulver ▶ Seite 208
- 1 großer EL Flohsamenschalen, gemahlen
- 1 EL Kokosöl, flüssig

1 Buchweizen und Paranüsse spülen und abtropfen lassen. Lauchzwiebeln in Ringe schneiden. Mit allen weiteren Teigzutaten in der Küchenmaschine mit S-Messer solange häckseln, bis ein Teig entstanden ist, der zusammenklebt.

2 Eine Tarteform mit herausnehmbaren Boden mit Backpapier auslegen. Alternativ eine Springform verwenden. Teig hineingeben, gleichmäßig verteilen, festdrücken und dabei der Form entsprechend einen Rand hochziehen.

3 In den Dörrofen geben und bei 42 °C dörren. Den Teig nach etwa 1 Stunde aus der Form nehmen und weitere 2 ½ Stunden dörren.

4 Für die Füllung den Spinat sehr fein häckseln und zur Seite stellen. Zucchini schälen, in Stücke schneiden und mit Cashews, Mandelmilch, Zitronensaft und den Gewürzen mixen. Zum Schluss Flohsamenschalen und Kokosöl dazugeben und noch einmal kurz mixen.

5 Diese Masse mit dem Spinat verrühren, auf die Quiche geben und im Kühlschrank fest werden lassen. Anschließend im Dörrofen etwa 2–3 Stunden dörren und lauwarm genießen.

ZWIEBELKUCHEN

 ca. 45 Minuten

 2–4 Stunden

Für eine 24er Tarteform

Teig:

200 g Buchweizen
70 g Mandeln
2 EL Hefeflocken
1 großer EL Flohsamenschalen
1 kleine rote Zwiebel
2 getrocknete Feigen
1 EL Mandelmus
1 TL Salz
100 ml Wasser

Füllung:

150 g Sauerkraut
1 rote Zwiebel
½ Apfel
100 g Cashews, mind. 2 Stunden eingeweicht
140 g Zucchini
125 ml Wasser
1 TL Senf
½ TL Kümmel, gemahlen
1 TL Rauchsalz
½ TL Knoblauchpulver
Saft von ½ Zitrone
1 EL Kokosöl, flüssig
1 EL Flohsamenschalen
Pfeffer

1 Buchweizen und Mandeln zu Mehl mahlen. Hefeflocken und Flohsamenschalen hinzufügen und in die Küchenmaschine mit S-Messer geben. Zwiebeln und Feigen klein schneiden und hinzufügen, ebenso die restlichen Teigzutaten.

2 Alles zu einem feinkörnigen Teig mixen, bis er in der Küchenmaschine zu einer Kugel wird.

3 Eine Tarteform mit herausnehmbarem Boden mit Backpapier auslegen. Alternativ eine Springform verwenden. Teig hineingeben, gleichmäßig verteilen und festdrücken, dabei der Form entsprechend einen Rand hochziehen. Achtung, der Teig klebt, mit nassen Händen funktioniert es am besten.

4 In den Dörrofen geben und bei 42 °C dörren, bis die Füllung zubereitet ist.

5 Für die Füllung das Sauerkraut ausdrücken und in die Küchenmaschine mit S-Messer geben. Zwiebel vierteln, dazugeben und beides grob häckseln. Den halben Apfel reiben, alles vermischen und zur Seite stellen.

6 Cashews spülen und in den Mixer geben. Zucchini schälen, grob zerkleinern und dazugeben. Übrige Zutaten bis auf das Kokosöl und die Flohsamenschalen hinzufügen und alles fein mixen.

7 Dann Kokosöl und Flohsamenschalen kurz untermixen. Alles zum Sauerkraut geben und gut vermischen. Dann mit Pfeffer abschmecken.

8 Die Füllung auf den Boden geben und glatt streichen. In den Dörrofen geben und 2–3 Stunden bei 42 °C dörren. Wenn möglich, Zwiebelkuchen vorher aus der Form nehmen. Dann wird er von allen Seiten knusprig.

Tipp★

Der Zwiebelkuchen gehört zu meinen Klassikern, den ich regelmäßig zubereite. Besonders wohltuend empfinde ich ihn im Winter zu Feldsalat! Vom Gesundheitsnutzen ist der besonders wertvoll, da die wertvollen Probiotika des Sauerkrautes beim Dörren vollständig erhalten bleiben!

BURGER

 ca. 20 Minuten

 5–6 Stunden

Für 4 Burger

Brötchen:

- 200 g Mandeltrester
- 80 g goldene Leinsamen, gemahlen
- 50 g Chiasamen, gemahlen
- 125 ml Mandelmilch ▶ Seite 57
- 1 TL Salz
- 1–2 EL Sesam zum Bestreuen

Patties:

- 150 g Süßkartoffeln
- 20 g getrocknete Tomaten, über Nacht eingeweicht
- 1 EL Walnüsse
- 2 weiche Datteln
- 2 EL Olivenöl
- 1 TL Senf
- 1 TL Paprikapulver edelsüß
- 1 TL getrocknete Petersilie
- 1 TL getrocknetes Korianderkraut
- ½ TL Salz
- 2 EL getrocknete Zwiebelringe ▶ Seite 208
- ¼ Zwiebel, sehr fein gewürfelt
- 1 EL Flohsamenschalen, gemahlen

Sauce:

- ½ gelbe Paprika
- 50 g Cashews, 2 Stunden eingeweicht
- 1 EL Zitronensaft
- 1 EL Hefeflocken
- ½ TL Salz
- evtl. ½ TL Johannisbrotkernmehl

Belag:

- Salatblätter
- dünne Scheiben von Gurke, Tomate, Paprika oder Zwiebel
- Sprossen oder Avocado

1 Alle Zutaten für die Brötchen in eine Schüssel geben und zu einem geschmeidigen Teig kneten. Aus dem Teig 4 Brötchen formen, mit Sesam bestreuen, ein wenig eindrücken und mit einem Brotmesser vorsichtig in jeweils zwei Hälften schneiden.

2 Brötchenhälften auf Dörrfolien platzieren und für etwa 3 Stunden bei 42 °C im Dörrgerät trocknen. Nach 1 Stunde wenden und ohne Folie weiterdörren.

3 Für die Patties die Süßkartoffel schälen und klein schneiden. Getrocknete Tomaten spülen. Mit den anderen Zutaten bis auf die Zwiebel und die Flohsamenschalen in der Küchenmaschine mit S-Messer zu einer feinkörnigen Masse häckseln und in eine Schüssel füllen.

4 Zwiebelwürfel und Flohsamenschalen dazugeben und unterkneten. Mit den Händen 4 Patties formen und auf Dörrfolien platzieren. Insgesamt 5 bis 6 Stunden bei 42 °C dörren. Nach 2 ½ Stunden wenden und ohne Dörrfolie weiterdörren.

5 Für die Sauce Paprika in Stücke schneiden und in den Mixer geben. Cashews spülen und mit den restlichen Zutaten (außer Johannisbrotkernmehl) in den Mixer geben und alles zu einer glatten Creme mixen.

6 Nach Geschmack Johannisbrotkernmehl untermixen und alles im Kühlschrank etwas fester werden lassen.

7 Brötchenhälften mit der Sauce bestreichen, mit Patties, Salat und Gemüse belegen und zuklappen. Eventuell mit einem Holzstäbchen fixieren.

ÜBERBACKENE SPAGHETTI

 ca. 20 Minuten

 1 Stunde

Für 2 Portionen

Spaghetti:

- 2–3 Zucchini
- frische Kräuter zum Garnieren

Pesto:

- 30 g getrocknete Tomaten, mehrere Stunden eingeweicht
- 1 Knoblauchzehe
- 10 g Basilikumblätter
- 50 g Pinienkerne
- 20 g Cashews
- 1 TL Hefeflocken
- 1 TL Apfelessig
- 1 TL Salz
- ca. 50 ml Olivenöl

Cashew-Creme:

- 40 g Cashews, 2 Stunden eingeweicht
- ca. 30 ml Wasser
- ¼ TL Salz
- 1 EL Zitronensaft

1. Die Zucchini mit Hilfe eines Spiralschneiders zu Spaghetti verarbeiten. Zur Seite stellen.
2. Für das Pesto die getrockneten Tomaten spülen und dann in die Küchenmaschine geben. Alle anderen Zutaten dazugeben und zu einem feinkörnigen Pesto verarbeiten.
3. Das Pesto mit den Zucchinispaghetti mischen und auf 2 Teller portionieren.
4. Für die Creme Cashews spülen und mit den restlichen Zutaten zu einer glatten Masse mixen. Vorsichtig und dünn in schmalen Streifen über den Spaghetti verteilen. (Es bleibt etwas über.)
5. Im Dörrofen 1 Stunde dörren. Mit frischen Kräutern garnieren und servieren.

Reste verwerten

▶ Bleibt Cashew-Creme wie in diesem Rezept übrig, dann bewahre ich sie im Kühlschrank auf und mixe sie z. B. mit Paprika oder Tomate und frischen Kräutern als Dressing für meinen Salat!

LAUWARMES CHILI SIN CARNE

 ca. 25 Minuten

 2 Stunden

Für 2 große oder 4 kleinere Portionen

Tomatensauce:

- 100 g getrocknete Tomaten, mehrere Stunden eingeweicht
- 500 g sommerreife Tomaten
- 2 große Avocados
- 1 Knoblauchzehe
- 30 g frisches Koriandergrün
- 1 TL Chilipulver oder je nach gewünschter Schärfe
- ½ TL Kreuzkümmel
- 1 TL Zwiebelpulver
- Saft von 1 Zitrone
- etwas Salz zum Abschmecken

Gemüseeinlage:

- 2 Zucchini
- ½ rote Zwiebel
- 100 g TK-Maiskörner von Demeter (aufgetaut)
- 100 g Erbsen

1. Für die Tomatensauce getrocknete Tomaten spülen und frische Tomaten achteln. Avocados entsteinen. Das Avocadofruchtfleisch grob schneiden.
2. Alles zusammen mit den restlichen Zutaten in der Küchenmaschine mit S-Messer zu einer cremigen, aber nicht ganz glatten Masse verarbeiten. In eine Schüssel geben und schon mal bei 42 °C in den Dörrofen stellen.
3. Die Zucchini und die rote Zwiebel in sehr feine Würfel schneiden. Zusammen mit dem Mais und den Erbsen gleichmäßig unter die Tomatensauce heben.
4. Etwa 1 bis 2 Stunden dörren, dabei wenn möglich gelegentlich umrühren.

Tipp★

Eingeweichte Cashews mit Wasser, Zitronensaft und Salz zu einer sauren Sahne mixen und das Chili vor dem Servieren damit garnieren! So gut und wärmend!

ÜBERBACKENES GEMÜSE

 25 Minuten

 ca. 5–6 Stunden

Für ca. 4 Portionen

- 300 g Brokkoli
- 300 g Blumenkohl
- 150 g Cashews, 2 Stunden eingeweicht
- 125 ml Wasser
- 1 EL Zitronensaft
- 1 EL Hefeflocken
- 1 TL Salz

1. Brokkoli und Blumenkohl in Röschen der gewünschten Größe teilen und in eine Schüssel geben.
2. Die Cashews spülen und mit den restlichen Zutaten im Mixer zu einer feinen Creme mixen. Einen Teil der Creme über das Gemüse geben und mit den Händen unterheben. Das Gemüse in eine Auflaufform geben und den Rest der Creme darüber verteilen.
3. Im Dörrofen bei 42 °C etwa 5 bis 6 Stunden dörren.

BBQ-PILZE

 20 Minuten

 ca. 5 Stunden

Für ca. 4 Portionen

- 200 g Champignons oder Austernpilze
- 80 g getrocknete Tomaten, mehrere Stunden eingeweicht
- 2 EL Sojasauce
- 1 EL Apfelessig
- 2 TL Knoblauchpulver
- 2 TL Zwiebelpulver ▶ Seite 208
- 2 TL Kokosblütenzucker
- ½ TL Chipotle-Chilipulver

1. Die Pilze in dicke Streifen schneiden. Der Strunk muss nicht vollständig entfernt werden, lediglich den Strunk ein kleines Stückchen abschneiden.
2. Restliche Zutaten mixen. Dafür ist der Personal Blender sehr gut geeignet. Sauce mit den Pilzen vermengen.
3. Auf einer Dörrfolie ungefähr 5 Stunden oder länger je nach gewünschter Konsistenz bei 42 °C dörren.

Die fertigen Pilze lassen sich bis zu 3 Tage im Kühlschrank aufbewahren.

Tipp★

Durch den schönen Umami-Geschmack sind die Pilze besonders für ehemalige Fleischliebhaber ein idealer Ersatz. Ich serviere sie gerne in Wraps ▶ Seite 105 oder Buchweizenfladen ▶ Seite 107 eingeschlagen zusammen mit Salat, Tomaten und Sprossen.

ESSENER PIZZA

 ca. 1 Stunde

 2–5 Stunden

Für 3 Pizzen

Teig:

- 400 g Dinkel
- 250 g goldene Leinsamen, gemahlen
- 1 EL Sojasauce
- 3 EL Olivenöl
- 200 ml Wasser

Sauce:

- 300 g süße, aromatische Tomaten
- 30 g getrocknete Tomaten
- ¼ rote Zwiebel
- 2 weiche Datteln
- 3 EL Olivenöl
- ½ EL getrockneter Rosmarin
- etwas Salz und Pfeffer

Pesto:

- 100 g Kürbiskerne
- 50 g Pinienkerne
- 2 Handvoll frischer Basilikum
- 3 EL Petersilie, gehackt
- ein paar frische Minzeblätter
- abgeriebene Schale von 1 Zitrone
- 1 TL Salz
- 150 ml Olivenöl

Belag:

- Gemüse nach Wahl, z. B. Tomaten, Pilze, Zwiebeln, Oliven

1. Dinkel keimen lassen ▶ Seite 32. Das braucht etwa 2 bis 3 Tage.
2. Gekeimten Dinkel, Leinsamen, Sojasauce, Olivenöl und Wasser in die Küchenmaschine mit S-Messer geben und etwa 5 Minuten zu einem Teig mixen, bis er wie eine Kugel zusammenklebt. 30 Minuten ziehen lassen.
3. Teig in 3 gleich große Portionen teilen und auf Dörrfolien zu Pizzen mit einem Durchmesser von etwa 22 cm ausstreichen.
4. Im Dörrofen bei 42 °C dörren. Die Pizzen nach 3 Stunden wenden und ohne Dörrfolien weitere 2 Stunden dörren. Der Pizzateig sollte noch formbar und nicht zu trocken sein. Achtung: Die Trocknungszeit variiert je nach Feuchtigkeit des Ausgangsproduktes, deshalb die Konsistenz regelmäßig prüfen.
5. Für die Sauce die Tomaten putzen und in grobe Stücke schneiden. Mit allen weiteren Zutaten der Sauce im Mixer pürieren. Mit Salz und Pfeffer abschmecken.
6. Für das Pesto alle Zutaten in der Küchenmaschine mit S-Messer mixen.
7. Die Pizzaböden mit Sauce bestreichen und den Gemüsebelag darauf geben. Pesto klecksartig auf den Pizzen verteilen.

Tipp★

Die Pizzarohlinge halten sich bis zu 5 Tage im Kühlschrank. In Folie eingeschlagen trocknen sie nicht aus.
Das Gemüse für den Belag in einer Marinade aus Sojasauce und Olivenöl für ein paar Stunden marinieren und man erhält eine tolle Optik! Nach Fertigstellung der Pizza kannst du sie noch einmal für 1 bis 2 Stunden im Dörrofen dörren und sie dann lauwarm genießen.

FLAMMKUCHEN

 25 Minuten

 7–8 Stunden

Für 4 Portionen

Teig:

- 100 g goldene Leinsamen, gemahlen
- 230 g Buchweizenmehl
- 1 Zucchini
- 75 g Cashews, 2 Stunden eingeweicht
- 100 ml Mandelmilch ▶ Seite 57

Belag:

- 3 Champignons
- ½ rote Zwiebel
- ca. 1 EL Sojasauce
- ¼ TL geräuchertes Paprikapulver

Crème fraîche:

- 60 g Cashews, 2 Stunden eingeweicht
- ½ Zucchini
- 1 EL Apfelessig
- ½ TL Salz
- etwas Mandelmilch ▶ Seite 57
- ½ TL Pfeffer

1 Gemahlene Leinsamen und Buchweizenmehl in eine Schüssel geben und mischen.

2 Zucchini schälen, klein schneiden und in den Mixer geben. Cashews spülen, mit der Mandelmilch hinzufügen und glatt mixen. Zu den trockenen Zutaten in die Schüssel geben und zu einem Teig verkneten.

3 Auf einer Dörrfolie rund ausrollen mit einem Durchmesser von etwa 28 bis 30 cm. Bei 42 °C etwa 7 bis 8 Stunden dörren, dabei nach etwa der Hälfte der Zeit wenden. Der Teig sollte nicht zu trocken werden, da er sonst leicht bricht.

4 Champignons und Zwiebeln sehr fein hobeln. In eine Schüssel geben, mit Sojasauce und Paprikapulver mischen und etwas ziehen lassen.

5 Für die Crème fraîche Cashews spülen. Zucchini schälen und klein schneiden. Alles zusammen mit Apfelessig und Salz und wenn nötig etwas Mandelmilch glatt mixen. Zum Schluss mit Pfeffer abschmecken.

6 Die Crème fraîche auf den Flammkuchen verteilen und mit Champignons und Zwiebeln belegen. Eventuell noch einmal für 1 Stunde in den Dörrofen geben.

GEFÜLLTE CHAMPIGNONS MIT TOMATE UND KNOBLAUCHCREME

 20 Minuten

 ca. 5 Stunden

Für 12 Stück

- 12 Pilze
- 4 EL weißes Mandelmus
- 1 TL Knoblauchpulver
- ½ TL Salz
- 2 Tomaten

1 Pilze aushöhlen, dafür vorsichtig den Strunk entfernen.

2 Mandelmus, Knoblauchpulver und Salz in einer kleinen Schüssel verquirlen.

3 Tomaten putzen und in sehr kleine Würfel schneiden.

4 Die Pilze zunächst mit etwas Knoblauchcreme füllen, anschließend gewürfelte Tomaten darauf geben und zum Schluss wieder mit der Knoblauchcreme toppen.

5 Die gefüllten Pilze etwa 5 Stunden bei 42 °C dörren. Nach der Trocknungszeit ist die Sauce perfekt, die Pilze aber etwas zu trocken. Sie müssen nun wieder etwas Feuchtigkeit aufnehmen. Dazu einige Stunden einfach offen stehen lassen.

Tipp★

Zu den gefüllten Pilzen passt sehr gut Petersilie, die entweder fein gehackt zum Schluss darüber gestreut werden kann oder aber gleich in der Knoblauchcreme verarbeitet wird. Glaube mir, kein Mensch kommt darauf, dass es sich bei diesem Gericht um vegane Rohkost handelt!

DÖNER-TELLER

 1 Stunde

 ca. 8–10 Stunden

Für 2–3 Portionen

Döner-„Fleisch“:

- 600 g Austernpilze
- 1 Zwiebel
- 1–2 Knoblauchzehen
- 4 EL Sojasauce
- 80 ml Olivenöl
- 2 TL Paprikapulver edelsüß
- 1 TL Korianderpulver
- 1 TL Thymian
- ¼ TL gemahlener Kreuzkümmel
- 1 TL Senf
- 1 TL Ahornsirup
- Salz und Pfeffer

Krautsalat:

- 300 g Weißkohl
- 300 g Rotkohl
- 1 EL Agavendicksaft
- 1 TL Salz
- 3 EL Apfelessig
- 1 EL Olivenöl
- Pfeffer

Scharfe Sauce:

- 1 rote Paprika
- Saft von ½ Limette
- 1 TL Pul Biber ▶ Seite 211
- ½ TL gemahlener Kreuzkümmel
- ½ TL Salz
- 100 g Cashews, 2 Stunden eingeweicht
- 80 ml Wasser
- 2 Knoblauchzehen

Garnitur:

- einige Blätter Eisbergsalat
- 1 rote Zwiebel, fein geschnitten
- 3 Tomaten, in Scheiben
- frisches Koriandergrün
- Pul Biber

1. Die Austernpilze längs jeweils in etwa drei Stücke schneiden. Eventuell noch einmal in der Mitte durchschneiden, damit die Stücke nicht zu lang sind. Zur Seite legen.
2. Aus den restlichen Zutaten eine Marinade herstellen. Dazu Zwiebel und Knoblauch grob zerkleinern und mit den restlichen Zutaten mit dem Personal Blender oder Pürierstab glatt mixen. Mit Salz und Pfeffer abschmecken.
3. Marinade zu den Austernpilzen geben und gut vermischen. Auf eine Dörrfolie platzieren und 8 bis 10 Stunden oder nach gewünschter Konsistenz bei 42 °C dörren. Nach 1 bis 2 Stunden ohne Dörrfolie weiterdörren. (Am leckersten ist das Döner-„Fleisch“ frisch aus dem Dörrofen.)
4. Kraut fein hobeln und mit Agavendicksaft und Salz ca. 3 Minuten mit den Händen verkneten, bis es weich wird und Flüssigkeit austritt. Essig und Öl untermischen. Mit Pfeffer abschmecken.

5 Paprika klein schneiden und in den Mixer geben. Limettensaft, Pul Biber, Kreuzkümmel und Salz hinzufügen. Mit den eingeweichten Cashews und Wasser glatt mixen. Knoblauch schälen, durch die Presse drücken und unterrühren.

6 Eisbergsalat auf dem Teller drapieren. Krautsalat, Zwiebeln und Tomaten dazugeben. Nun das Döner-„Fleisch" darauf geben und alles mit der scharfen Sauce übergießen. Zum Schluss noch mit ein paar frischen Korianderblättchen und Pul Biber garnieren und genießen.

Tipp★

Wer den Aufwand nicht scheut, kann sich auch eine Döner-Tasche zubereiten. Dazu z. B. die Buchweizenfladen ▶ Seite 107 verwenden.

SUPERFOOD-WRAPS

 20 Minuten

 10–12 Stunden

Für 2 große oder 4 kleine Wraps

2 Paprika

½ Zwiebel

1 TL Salz

1 Handvoll Blätter Babyspinat

½ TL Chlorellapulver

2 TL Flohsamenschalen, gemahlen

4 EL Chiasamen

1 Die Paprika und die Zwiebel in grobe Stücke schneiden und im Mixer zusammen mit dem Salz glatt mixen. Dann Spinat und Chlorellapulver dazugeben und nochmal kurz mixen. Die Flohsamenschalen und Chiasamen hinzufügen, wieder kurz mixen.

2 Auf Dörrfolie auf eine Größe von etwa 30 × 30 cm ausstreichen und bei 42 °C ca. 10 bis 12 Stunden dörren, nach der Hälfte der Zeit wenden und ohne Dörrfolie weiterdörren. Darauf achten, dass der Teig nicht zu trocken wird, sondern elastisch und biegsam bleibt.

Tipp★

Der Wrap kann kunterbunt gefüllt werden. Schön sind beispielsweise grüne Blätter, Sauerkraut, Sprossen, Avocados und eine fruchtige Soße. Für die Quick & Dirty-Variante den getrockneten Wrap-Teig auf dem unteren Drittel belegen, rechts und links am Rand etwas Platz lassen. Von unten nach oben aufrollen und dann mit einem scharfen Messer schräg in gewünschte Anzahl der Wraps schneiden.

OMELETTE

 ca. 20 Minuten

 5–6 Stunden

Für 4 Stück

Omelettes:

- 450 g TK-Maiskörner von Demeter (aufgetaut)
- ca. 100 ml Wasser
- 1–2 TL Kala Namak
- 1 EL getrocknete Petersilie
- 1 TL getrocknete Zwiebeln ▶ Seite 208
- ½ TL Kurkuma
- 2 TL Flohsamenschalen, gemahlen
- 1 EL goldene Leinsamen, gemahlen

Füllung:

- 2 rote Paprika
- 200 g Champignons oder Austernpilze
- 1 Zwiebel
- 3 EL Olivenöl
- 3 EL Sojasauce
- 1 Handvoll frische Petersilie

1. Mais mit Wasser und den Gewürzen mixen. Wenn alles eine glatte Konsistenz hat, Flohsamenschalen und Leinsamen hinzufügen und noch einmal durchmixen.
2. Auf Dörrfolien den Teig zu 4 dünnen runden Fladen ausstreichen und bei 42 °C etwa 5 bis 6 Stunden dörren.
3. Die Omelettes sollen nicht vollständig durchgetrocknet sein. Ihre Konsistenz ist geschmeidig und biegsam. Da die Ränder zuerst trocknen, kann man diese vor dem Anrichten einfach abschneiden, so sieht es schöner aus.
4. Für die Füllung die Paprika in feine Würfel schneiden. Die Pilze in dünne Scheiben und Zwiebeln in dünne Ringe schneiden oder hobeln. In Olivenöl und Sojasauce für einige Stunden marinieren. Petersilie fein hacken und unterheben.
5. Omelettes mit der Füllung belegen, einmal umklappen und servieren. Wer mag, garniert mit Petersilie und Paprikastückchen.

Kala Namak

▶ Kala Namak ist ein indisches Schwefelsalz, das einen schönen Eier-Geschmack in Speisen zaubern kann! In gut sortierten Bioläden oder Reformhäusern ist es mittlerweile problemlos zu bekommen.

BUCHWEIZENFLADEN

 ca. 30 Minuten

 7–8 Stunden

Für 4 Stück

- 100 g goldene Leinsamen
- 200 ml Wasser
- 2 Möhren
- 200 g Buchweizen, eingeweicht oder angekeimt
- 100 g Sonnenblumenkerne, eingeweicht
- 2 weiche Datteln
- 1 EL Apfelessig
- 1 TL getrocknete Zwiebeln ▶ Seite 208
- 1 EL Sojasauce
- ½ TL Salz
- Gewürze oder Kräuter nach Wahl

1. Die Leinsamen 1 Stunde im Wasser quellen lassen. Anschließend die Mischung in einem Hochleistungsmixer zu einer zähen Masse mixen. Zur Seite stellen.
2. Möhren klein schneiden und mit den restlichen Zutaten in die Küchenmaschine mit S-Messer geben. Zu einer feinkörnigen Masse häckseln. Zu den gemixten Leinsamen geben und gut verrühren oder verkneten.
3. Auf Dörrfolien zu 4 Fladen ausstreichen. Das funktioniert sehr gut mit der Rückseite eines Esslöffels. 7 bis 8 Stunden bei 42 °C dörren, dabei nach 3 Stunden wenden und ohne Dörrfolie weitertrocknen. Wenn der Teig beginnt, sich an den Rändern zu wölben, sind die Fladen fertig.

Buchweizenfladen innerhalb von 2 bis 3 Tagen verbrauchen und im Kühlschrank aufbewahren. Auch vollständig durchgetrocknet schmecken die Fladen wunderbar! Dann sind sie außerdem länger haltbar.

Tipp★

Ich mag es sehr, wenn ich zum Mittag- oder Abendessen etwas zum Belegen oder Einrollen habe. Mit unterschiedlichen Gewürzen und frischen, fein gehackten Wildkräutern variiere ich diese Fladen immer wieder!

SCHWEDISCHE FLEISCHKLÖSSCHEN

 30 Minuten

 ca. 6–7 Stunden

Für 26–28 Stück

- 75 g Walnüsse, über Nacht eingeweicht
- 100 g Sonnenblumenkerne, über Nacht eingeweicht
- 3 Champignons
- 100 g Möhren
- ½ Zwiebel
- 2 EL Sojasauce
- 1 EL Senf
- 1 TL frische Majoranblättchen
- 1 gestrichener TL Paprikapulver edelsüß
- ½ TL Salz
- 2 EL goldene Leinsamen, gemahlen

1 Die Walnüsse und Sonnenblumenkerne spülen und abtropfen lassen. In die Küchenmaschine mit S-Messer geben. Champignons in grobe Stücke schneiden und hinzufügen. Ebenso die Möhren und die Zwiebel.

2 Alle restlichen Zutaten bis auf die Leinsamen dazugeben und zu einer grobkörnigen, nicht zu feinen Masse häckseln.

3 Zum Schluss die Leinsamen dazugeben und gleichmäßig einkneten. Mit den Händen zu Klößchen formen und auf die Dörrfolie legen. 6 bis 7 Stunden bei 42 °C dörren, dabei nach 1 Stunde wenden und ohne Folie weiterdörren.

Die Klößchen halten sich im Kühlschrank etwa 1 Woche.

KÜRBIS-PUFFER

 30 Minuten

 ca. 10 Stunden

Für ca. 6–9 Stück

- 340 g Hokkaidokürbis (ohne Kerne)
- 1 TL Salz
- 1 Zwiebel
- 1 Knoblauchzehe
- 75 g Cashews, mind. 2 Stunden eingeweicht
- 100 ml Wasser
- 2 EL Sojasauce
- 1 ½ EL Flohsamenschalen
- 1 TL Muskat, gemahlen
- Pfeffer

1. Den Kürbis raspeln und mit dem Salz in einer Schüssel mischen. Die Zwiebel und den Knoblauch fein würfeln und dazugeben. Zur Seite stellen.
2. Cashews mit 100 ml Wasser und Sojasauce zu einer feinen Creme mixen. Flohsamenschalen dazugeben und noch einmal mixen. Mischung zum geraspelten Kürbis geben, Muskat hinzufügen und alles gut vermengen. Zum Schluss mit Pfeffer abschmecken.
3. Mit einem Esslöffel die Teigportionen auf eine Dörrfolie geben und zu Kreisen mit einem Durchmesser von etwa 12 cm ausstreichen.
4. Bei 42 °C etwa 10 Stunden bzw. nach gewünschter Konsistenz dörren, nach 5 Stunden wenden und ohne Dörrfolie weiterdörren.

SÜSSKARTOFFEL-RÖSTI

 30 Minuten

 ca. 10 Stunden

Für ca. 18 Stück

- 340 g Süßkartoffeln
- 1 TL Salz
- 1 Zwiebel
- 1 Knoblauchzehe
- 75 g Cashews, mind. 2 Stunden eingeweicht
- 100 ml Wasser
- 2 EL Sojasauce
- 1 ½ EL Flohsamenschalen
- je ½ TL Paprikapulver, gemahlener Kreuzkümmel und gemahlener Koriander
- Pfeffer

1 Die Süßkartoffeln raspeln und mit dem Salz in einer Schüssel mischen. Zwiebel und Knoblauch fein würfeln und dazugeben. Zur Seite stellen.

2 Die Cashews mit 100 ml Wasser und Sojasauce zu einer feinen Creme mixen. Flohsamenschalen dazugeben und noch einmal mixen. Mischung zur geraspelten Süßkartoffel geben, Gewürze hinzufügen und alles gut vermengen. Zum Schluss mit Pfeffer abschmecken.

3 Mit einem Esslöffel kleine Portionen Rösti-Masse auf eine Dörrfolie geben und mithilfe des Löffels sanft in die gewünschte Form drücken. Ein Rösti ergibt sich aus etwa 1 Esslöffel Teig.

4 Bei 42 °C etwa 10 Stunden bzw. nach gewünschter Konsistenz dörren. Nach 5 Stunden wenden und ohne Dörrfolie weiterdörren.

GYROS-BROT MIT KRAUTSALAT UND ZAZIKI

GYROS-BROT

 30 Minuten

 ca. 14 Stunden

Für 1 Einschub im Dörrofen

- 4 Zwiebeln
- 1 Zucchini
- 75 g Sonnenblumenkerne, über Nacht eingeweicht
- 80 g goldene Leinsamen, gemahlen
- 4 EL Sojasauce
- 5 EL Olivenöl
- 1 EL getrockneter Rosmarin
- 1 TL Hackfleischgewürz
- 1 EL Zitronensaft
- 60 ml Wasser
- 1 Prise Salz

1. Zwiebeln in dünne Scheiben schneiden oder hobeln und in eine Schüssel füllen.
2. Zucchini schälen und klein schneiden. Sonnenblumenkerne spülen, abtropfen lassen und beides in der Küchenmaschine zu einer feinkörnigen Masse verarbeiten und dazugeben.
3. Alle restlichen Zutaten hinzufügen und alles mit den Händen gut vermengen. Den Teig etwa 6 mm dick auf eine Dörrfolie ausstreichen und insgesamt bei 42 °C 14 Stunden trocknen. Nach etwa 10 Stunden wenden und ohne Dörrfolien weitertrocknen.
4. Nach dem Dörren auf einem Schneidebrett mit einem scharfen Messer in die gewünschte Form schneiden. Mit Zaziki und Krautsalat servieren.

KRAUTSALAT

25 Minuten
Ziehzeit: 12 Stunden

Für 4 Portionen

- 600 g Kohl (ohne Strunk)
- 1 EL Salz
- 1 kleine Paprika
- 1 Zwiebel
- 2 EL Apfelessig
- 2 EL Olivenöl
- ½ TL Kümmel, gemahlen
- Pfeffer nach Geschmack

1. Kohl in feine Streifen hobeln und in eine große Schüssel geben. Salz dazugeben und solange mit den Händen kneten, bis Flüssigkeit austritt. Der Kohl sollte weich und genügend Flüssigkeit ausgetreten sein.
2. Paprika in feine Streifen schneiden, Zwiebel in feine Scheiben hobeln. Beides zugeben.
3. Apfelessig, Olivenöl und die Gewürze hinzufügen, alles schön miteinander vermengen. Die Schüssel verschließen und im Kühlschrank 12 Stunden ziehen lassen.

ZAZIKI

25 Minuten
Fermentierzeit: 12 Stunden

Für ca. 4 Portionen

- 200 g Cashews, 2 Stunden eingeweicht
- 150 ml Wasser
- 2 Kapseln probiotisches Pulver
- 1 Salatgurke
- 2 EL Olivenöl
- 2 EL Apfelessig
- 2 Knoblauchzehen
- Salz und Pfeffer

1. Die Cashews spülen, abtropfen lassen und mit dem Wasser im Mixer zu einer glatten Masse mixen. Es sollten keine Stücke mehr vorhanden sein. Die Masse darf während des Mixvorgangs ruhig etwas warm werden, aber nicht heiß.
2. Die Kapseln öffnen, das probiotische Pulver hinzufügen (nicht die Hüllen!) und noch einmal durchmixen. In ein Einmachglas füllen, mit einem Tuch bedecken und an einem warmen Ort 12 bis 18 Stunden fermentieren lassen. Es bilden sich kleine Luftbläschen.
3. Die fermentierte Cashew-Masse in eine Schüssel geben. Gurke raspeln und dazugeben.
4. Das Olivenöl und den Apfelessig hinzufügen. Den Knoblauch durch die Presse drücken, alles gut miteinander verrühren und mit Salz und Pfeffer abschmecken.

BROTE UND CRACKER

MACADAMIA-KÄSE

Die Herstellung von Macadamia-Käse ist im Grunde sehr einfach, und hat man ihn einmal gemacht, ist er ein echtes Highlight, wenn man Lust auf ein herzhaftes Brot mit Käse hat! Macadamia-Käse wird wie der Kräuterquark ▶ Seite 23 fermentiert und ist somit ein hochwertiges, probiotisches Produkt. Für die reibungslose Herstellung benötigt man neben einem guten Mixer idealerweise einen Nussmilchbeutel, ein Haushaltssieb aus Kunststoff (nicht aus Metall!), eine einfache Schüssel sowie einen Servierring.

30 Minuten
Fermentierzeit:
12 Stunden

Für ca. 4 Portionen

- 200 g Macadamianüsse, 2 Stunden eingeweicht
- 250 ml Wasser
- 2 Kapseln probiotisches Pulver
- 1 EL Hefeflocken
- 1 EL Zitronensaft
- 1 TL Salz
- Gewürze nach Geschmack

1 Die Macadamianüsse spülen und mit 250 ml Wasser in einem Mixer zu einer glatten Masse mixen – darauf achten, dass die Masse nicht heiß wird. Ist alles glatt, das probiotische Pulver dazugeben und noch einmal mixen.

2 Ein Sieb aus Kunststoff über eine passende Schüssel hängen. Käsemasse in einen Nussmilchbeutel füllen, einschlagen und in das Sieb legen. Mit einem schweren Gegenstand beschweren. Ich nehme dazu ein mit Wasser gefülltes Einmachglas.

3 Nun an einen warmen Ort stellen, z. B. auf den laufenden Dörrofen. Die Masse verliert während der Fermentation an Feuchtigkeit, die Molke landet in der Schüssel. 12 Stunden fermentieren lassen. Anschließend den Käse in eine Schüssel füllen und mit Hefeflocken, Zitronensaft und Salz mischen. Ich teile den Käse und stelle durch weitere Gewürze oder andere Zutaten zwei Sorten her.

4 Mit Hilfe eines Servierringes lässt sich der Käse sehr leicht in Form bringen. Über Nacht im Dörrofen bekommt der Käse eine Art Kruste, die himmlisch schmeckt und aussieht.

Bitte hygienisch arbeiten! Ansonsten offen im Kühlschrank aufbewahren, wo der Käse quasi unendlich haltbar ist, nachreift, nach und nach an Feuchtigkeit verliert, dadurch schrumpft und fester wird.

Zubereitungsvarianten

▶ Auf dem Foto habe ich einen Käse mit edelsüßem und geräuchertem Paprikapulver gewürzt und den anderen mit Zwiebelpulver ▶ Seite 208 und gemahlenem Kümmel. Auch getrocknete Tomaten, Oliven oder frische, fein gehackte Kräuter eignen sich.

ZWIEBELSCHMELZ

20 Minuten
Fermentierzeit:
12 Stunden

Für ca. 4 Portionen

- 15 g getrocknete Zwiebeln ▶ Seite 208
- 90 g Kokosöl
- 3 EL weißes Mandelmus
- 1 TL Salz
- 2–3 EL Sojasauce

1. Die getrockneten Zwiebeln sehr fein hacken.
2. Alle Zutaten in einen kleinen Topf geben. Über Wasserdampf soweit erwärmen, dass das Kokosöl etwas flüssiger wird und man alles gut rühren kann.
3. In ein Glas füllen und im Kühlschrank fest werden lassen. Etwa ½ Stunde vor dem Servieren aus dem Kühlschrank nehmen.

Tipp 

Dieser Aufstrich macht wirklich süchtig. Da er zudem auch noch sehr lange haltbar ist, lohnt es sich, gleich die doppelte oder dreifache Menge herzustellen!

KRÄUTERQUARK

20 Minuten
Fermentierzeit:
12 Stunden

Für ca. 4 Portionen

- 200 g Cashews, 2 Stunden eingeweicht
- 150 ml Wasser
- 2 Kapseln probiotisches Pulver
- ½ Zwiebel
- 1 EL Olivenöl
- 4 EL frische Gartenkräuter, fein gehackt
- Saft von ½ Zitrone
- ½ TL Salz

1. Cashews spülen und im Mixer mit dem Wasser zu einer glatten Masse mixen. Es sollten keine Stückchen mehr vorhanden sein. Die Masse darf während des Mixvorgangs ruhig etwas warm werden, aber nicht heiß.
2. Die Kapseln öffnen, das probiotische Pulver hinzufügen (nicht die Hüllen!) und noch einmal durchmixen. In ein Einmachglas füllen, mit einem Tuch bedecken und an einem warmen Ort 12 bis 18 Stunden fermentieren lassen. Es bilden sich kleine Luftbläschen.
3. Fermentierte Cashew-Masse in eine Schüssel geben. Zwiebel fein hacken und dazugeben. Zusammen mit den restlichen Zutaten gut durchmischen. Entweder gleich servieren oder im Kühlschrank einige Stunden ziehen lassen.

KNUSPRIGES MAISBROT

 ca. 20 Minuten

 12–14 Stunden

Für 1 Einschub

- 300 g Buchweizen, angekeimt ▶ Seite 32
- 450 g TK-Maiskörner von Demeter, aufgetaut
- 2 EL Mandelmus
- 1 EL Flohsamenschalen, gemahlen
- 1 EL goldene Leinsamen, gemahlen

1. Buchweizen spülen und gut abtropfen lassen. Buchweizen mit den Maiskörnern und den restlichen Zutaten in der Küchenmaschine mit S-Messer sehr fein häckseln, bis ein konsistenter Teig entstanden ist.
2. Auf einer Dörrfolie mit Hilfe einer Winkelpalette gleichmäßig ausstreichen. In die gewünschte Form einschneiden oder ausstechen.
3. In der ersten Stunde bei 63 °C dörren. Die Temperatur dann auf 42 °C reduzieren. Insgesamt 12 bis 14 Stunden dörren, nach 3 bis 4 Stunden wenden und ohne Dörrfolie weiterdörren.

Vollständig getrocknet ist das Brot mehrere Monate haltbar.

ROSMARIN-BRENNNESSEL-BROT

 25 Minuten

 ca. 12 Stunden

1 ½ Einschübe im Dörrofen

- 125 g Paranüsse, über Nacht eingeweicht
- 100 g Sonnenblumenkerne, über Nacht eingeweicht
- 60 g Leinsamen, gemahlen
- 2 TL getrockneter Rosmarin
- 1 TL Salz
- 20 g frische Brennnesselblätter
- 1 Zucchini
- 1 weiche Dattel
- 1 TL Knoblauchpulver
- 60 ml Wasser

1. Paranüsse und Sonnenblumenkerne abgießen, gut spülen und in der Küchenmaschine mit S-Messer zu einer feinkörnigen Masse häckseln. In eine Schüssel geben. Leinsamen, Rosmarin und Salz hinzufügen.
2. Die Brennnesselblätter zwischen 2 Geschirrtüchern mit einer Küchenrolle rollen, so dass sie nicht mehr brennen. Fein hacken und dazugeben.
3. Die Zucchini schälen, mit den restlichen Zutaten mixen und hinzufügen. Alles gründlich verkneten.
4. Teig halbieren und auf 2 Dörrfolien gleichmäßig ausstreichen. Danach eine weitere Dörrfolie auflegen und mit dem Nudelholz darüber rollen, so dass ein ebenmäßiges Brot entsteht.
5. Im Dörrofen etwa 14 Stunden trocknen, nach etwa 3 Stunden wenden und ohne Dörrfolie weiterdörren.

Innerhalb von 1 bis 2 Wochen aufbrauchen. Für die Lagerung vollständig trocknen.

ZWIEBELBROT

 ca. 30 Minuten

 10–12 Stunden

Für 2 Einschübe

- 150 g Sonnenblumenkerne, gemahlen
- 170 g goldene Leinsamen, gemahlen
- 800 g Zwiebeln
- 2 EL Rosinen
- 3 EL Sojasauce
- 3 EL Olivenöl

1 Gemahlene Sonnenblumenkerne und Leinsamen in eine Schüssel geben.

2 Zwiebeln schälen, vierteln und mit Rosinen und Sojasauce in der Küchenmaschine mit S-Messer sehr fein häckseln. Zusammen mit dem Olivenöl zu den trockenen Zutaten geben.

3 Alles zu einem Teig rühren und 10 Minuten quellen lassen. Teig halbieren und jeweils auf Dörrfolien auf eine Größe von etwa 30 × 30 cm ausstreichen und in die gewünschte Form einschneiden oder ausstechen.

4 Bei 42 °C etwa 10 bis 12 Stunden dörren oder bis zur vollständigen Trocknung. Wenn das Brot ganz trocken ist, ist es über mehrere Monate lagerfähig.

Tipp★

Dieses Brot ist eines meiner absoluten Favoriten und ich mache mir davon immer einen kleinen Vorrat. Es kommt nämlich auch sehr gut bei Gästen an!

EIWEISSBROT

 ca. 20 Minuten

 ca. 2 Stunden

Für etwa 20 Scheiben

- 100 g Mandelmehl
- 100 g Leinsamen, gemahlen
- 100 g Chiasamen
- 50 g Hanfprotein
- 150 g Walnüsse, grob gehackt
- 3 EL Flohsamenschalen, gemahlen
- 350 ml Wasser
- 2 große EL weißes Mandelmus

1 Trockene Zutaten in eine Schüssel geben und vermischen.

2 Wasser und Mandelmus dazugeben und alles gut miteinander zu einem Teig kneten und etwa 20 Minuten quellen lassen.

3 Mit den Händen zu einem Laib formen, in 1 bis 1,5 cm dicke Scheiben schneiden und etwa 2 Stunden oder nach gewünschter Konsistenz bei 42 °C im Dörrofen dörren.

Innerhalb von 2 bis 3 Tagen verbrauchen und im Kühlschrank aufbewahren. Alternativ länger und vollständig trocknen und damit lagerfähig machen.

SANDWICHES

 ca. 30 Minuten

 7 bis 8 Stunden

Für 1 Einschub im Dörrofen

Für 4 große oder 8 kleinere Sandwiches

- 150 g Paranüsse, über Nacht eingeweicht
- 70 g Sonnenblumenkerne, über Nacht eingeweicht
- 70 g Buchweizen, über Nacht eingeweicht
- 70 g getrocknete Tomaten
- 80 g Leinsamen, gemahlen
- 120 ml Wasser
- 2 TL Thymian
- 1 TL Salz

Belag nach Geschmack:
Gurke, Tomate, Sprossen, Blattgrün, Avocado und Aufstrich

1 Alle Zutaten in einer Küchenmaschine mit S-Messer zerkleinern, bis der Teig fest wird und sich zu einer Kugel formt.

2 Teig auf eine Dörrfolie geben und flach drücken. Eine weitere Dörrfolie nehmen und auf den Teig legen. Mit dem Nudelholz etwa 32 × 32 cm groß ausrollen. Die Ränder begradigen, sie sollten nicht brüchig sein.

3 Den ausgerollten Teig in gewünschte Brotscheiben schneiden. Anschließend in 4 gleich große Quadrate schneiden.

4 Für etwa 7 bis 8 Stunden bei 42 °C dörren, dabei nach wenigen Stunden wenden und ohne Dörrfolien weitertrocknen.

5 Jeweils ein Quadrat belegen, das zweite darauf setzen und festdrücken. Quer in ein oder zwei Dreiecke schneiden und servieren.

PIZZA-CRACKER ITALIAN STYLE

 ca. 2½ Stunden

 12 Stunden

Für ca. 2 Einschübe

- 120 g goldene Leinsamen
- 85 g Mandeln
- 2–3 Tomaten
- 1 rote Paprika
- 2–3 EL Olivenöl
- 1 Handvoll frische Basilikumblätter
- 1 TL Knoblauchpulver
- 1 TL Paprikapulver edelsüß
- 1 TL getrockneter Oregano
- 1 TL Salz

1. Leinsamen in der doppelten Menge Wasser etwa 2 Stunden quellen lassen.
2. Die Mandeln zu Mehl mahlen.
3. Tomaten und Paprika putzen und klein schneiden. Gequollene Leinsamen, gemahlene Mandeln und alle restlichen Zutaten in die Küchenmaschine mit S-Messer geben und konsistent mixen.
4. Mit einem Esslöffel auf den Dörrfolien zu kleinen, runden und flachen Crackern formen.
5. Etwa 12 Stunden dörren, die erste Stunde bei 63 °C, dann bei 42 °C weiterdörren. Nach etwa 3 Stunden wenden und ohne Dörrfolie weitertrocknen.

Luftdicht verschlossen halten sich die Cracker über Monate.

SAUERKRAUTBROT

 ca. 20 Minuten

 10–12 Stunden

Für 1 Einschub

- 120 g Sauerkraut
- 1 Zucchini
- 75 g Sonnenblumenkerne, über Nacht eingeweicht
- 80 g goldene Leinsamen, gemahlen
- 60 ml Wasser
- 2 EL Sojasauce
- 1 TL Senf

1. Das Sauerkraut ausdrücken, so dass es nicht zu feucht ist. Zur Seite stellen.
2. Zucchini schälen und klein schneiden, Sonnenblumenkerne spülen und abtropfen lassen. Beides in der Küchenmaschine zu einer feinkörnigen Masse verarbeiten und zum Sauerkraut geben.
3. Leinsamen mit den restlichen Zutaten in die Schüssel geben und alles mit den Händen gut vermischen. Etwa 20 Minuten quellen lassen.
4. Den Teig auf eine Größe von etwa 30 × 30 cm auf eine Dörrfolie ausstreichen und insgesamt 10 bis 12 Stunden bei 42 °C trocknen. Nach etwa 10 Stunden wenden und ohne Dörrfolien weitertrocknen.
5. Auf einem Brett mit einem scharfen Messer in die gewünschte Form schneiden.

Ist das Brot ganz trocken, ist es über mehrere Monate lagerfähig.

Rohkost Sauerkraut

▶ Rohes Sauerkraut gibt es in den meisten Reformhäusern oder Bioläden. Du erkennst es daran, dass es im Kühlregal steht, denn es enthält noch die wertvollen Mikroorganismen, die so wichtig für unseren Darm sind! Alle anderen Produkte sind pasteurisiert und somit nicht für die Rohkost-Küche geeignet.

OSTFRIESISCHER KRINTSTUUT (ROSINENBROT)

 ca. 20 Minuten

 ca. 4–6 Stunden

Für 10 Scheiben

- 120 Hafermehl ▶ Seite 56
- 35 g goldene Leinsamen, gemahlen
- 1 EL Flohsamenschalen, gemahlen
- 3 EL Kokosblütenzucker
- 3 EL Kokosmehl
- 125 g Rosinen
- 1 TL Vanillepulver
- 1 Prise Salz
- 200 g Mandeltrester
- 2 Bananen
- 3 EL Mandelmus
- 100 ml Mandelmilch ▶ Seite 57

1 Alle trockenen Zutaten inklusive Mandeltrester in eine Schüssel geben und grob vermischen.

2 Geschälte Bananen, Mandelmus und Mandelmilch mixen und dazugeben. Mit den Händen zu einem Teig verkneten.

3 Zu einem Laib formen, der etwa 8 cm hoch und 14 cm lang ist. Mit einem Brotmesser in etwa 2 cm dicke Scheiben schneiden. Achtsam vorgehen, da die Rosinen im Weg sein können. Rosinen, die herausfallen, einfach wieder in die Scheiben drücken.

4 Die Scheiben auf eine Dörrfolie legen. Bei 42 °C etwa 4 bis 6 Stunden dörren. Nach 2 Stunden wenden und ohne Dörrfolie weiterdörren.

Innerhalb von 2 bis 3 Tagen verbrauchen und im Kühlschrank aufbewahren. Vor dem Verzehr eventuell noch einmal kurz in den Dörrofen geben.

Ode an die Heimat

▶ Dieses Rezept ist eine Ode an meine Heimat Ostfriesland, wo man nachmittags zum Tee gerne ein Stück Rosinenstuten mit Butter isst. Als Alternative zu Butter schmeckt auf diesem Stuten ein Erdnussmus ganz wunderbar!

BAGELS

 30 Minuten

 ca. 14 Stunden

Für ca. 12 Stück

- 250 g Buchweizen, eingeweicht oder angekeimt
- 130 g Cashews, 2 Stunden eingeweicht
- 200 g Möhren
- 1 EL Zitronensaft
- ½ TL Salz
- 1 EL Sojasauce
- 100 ml Wasser
- 165 g goldene Leinsamen, gemahlen
- 4 gehäufte EL Flohsamenschalen, gemahlen
- 50 g Sonnenblumenkerne, über Nacht eingeweicht
- 50 g Kürbiskerne, über Nacht eingeweicht

1. Buchweizen und Cashews spülen, abtropfen lassen und in die Küchenmaschine geben. Die Möhren klein schneiden. Möhren, Zitronensaft, Salz und Sojasauce zugeben und zu einer Paste verarbeiten. Dabei das Wasser zufügen.
2. Die Paste in eine Schüssel füllen. Leinsamen und Flohsamenschalen dazugeben und alles gut verkneten. Zum Schluss Sonnenblumen- und Kürbiskerne spülen, abtropfen lassen und gleichmäßig unterkneten.
3. Den Teig in eine Bagelform aus Silikon geben, festdrücken und vorsichtig wieder herauslösen. Alternativ Bagels mit der Hand von etwa 6 cm Durchmesser formen. Die Bagels auf ein Dörrgitter geben und etwa 12 Stunden bei 42 °C dörren.
4. Die Bagels sind innen noch etwas feucht. Sie halten sich etwa 3 Tage im Kühlschrank und können vor dem Servieren aufgeschnitten und kurz im Dörrofen aufgewärmt werden.

Tipp★

Ich belege die Bagels gerne mit Hummus, Tomaten, Gurken, Avocado, Sprossen und etwas grünem Salat.

MANDELTOAST

 ca. 15 Minuten

 ca. 3–4 Stunden

Für etwa 12 Scheiben

- 260 g Möhrentrester
- 200 g Mandelmehl
- 80 g goldene Leinsamen, gemahlen
- 1 EL weißes Mandelmus
- ½ TL Salz
- 200 ml Mandelmilch ▶ Seite 57

1 Alle Zutaten in eine Schüssel geben und mit den Händen zu einem Teig verarbeiten. Vor der Zugabe der Mandelmilch prüfen, ob eventuell weniger als die angegebene Menge notwendig ist. Dies hängt davon ab, wie feucht der Möhrentrester ist. Der Teig sollte trocken genug sein, um ihn zu einem Laib zu formen, aber feucht genug, dass er dabei nicht bricht.

2 Mit den Händen zu einem Laib formen, der etwa 8 cm hoch und 14 cm lang ist. Alternativ eine kleine Brotform mit Klarsichtfolie auslegen, den Teig hineindrücken und wieder herausnehmen. Mit einem Brotmesser in dünne, etwa 1 bis 1,5 cm dicke Scheiben schneiden.

3 Scheiben auf eine Dörrfolie legen. Bei 42 °C insgesamt etwa 3 bis 4 Stunden dörren oder so lange, wie es sich für dich wie ein perfektes Toastbrot gehört! Nach 2 Stunden wenden und ohne Dörrfolie weiterdörren.

Innerhalb von 2 bis 3 Tagen verbrauchen und im Kühlschrank aufbewahren. Eventuell vor dem Verzehr noch einmal im Dörrofen nachtoasten.

Möhrentrester

▶ Möhrentrester entsteht beim Entsaften von Möhren. Aus welcher Menge Möhren wie viel Trester herauskommt und wie trocken dieser ist, hängt stark vom Entsafter ab. Ich gewinne die hier angegebene Menge an Trester aus etwa 600 g Möhren.

KÜRBIS-CRACKER

 30 Minuten

 ca. 12 Stunden

Für 1 Einschub im Dörrofen

430 g Hokkaidokürbis (ohne Kerne)

100 ml Wasser

2 EL Hefeflocken

2 EL weißes Mandelmus

1 EL Sojasauce

½ Zwiebel

1 TL Salz

150 g goldene Leinsamen

1. Kürbis fein raspeln und in den Mixer geben. Alle weiteren Zutaten bis auf die Leinsamen dazugeben und fein mixen. Die dickflüssige Masse in eine Schüssel füllen. Leinsamen einrühren und etwa 20 Minuten quellen lassen. Eventuell zwischendurch noch einmal rühren.
2. Die Masse gleichmäßig eventuell mit Hilfe einer Winkelpalette auf einer Dörrfolie ausstreichen und anschließend in die gewünschte Form einschneiden.
3. Bei 42 °C etwa 12 Stunden dörren, nach ungefähr 7 Stunden wenden und ohne Dörrfolie weitertrocknen.

RUSTIKALES KÖRNERBROT

 30 Minuten

 ca. 12 Stunden

Für 2 Einschübe im Dörrofen

300 g Buchweizen

150 g Sonnenblumenkerne

60 g Hanfsamen, ungeschält

3 EL Flohsamenschalen, gemahlen

300 g Süßkartoffeln

300 ml Wasser

1 TL Salz

½ TL Kümmel, gemahlen

½ TL Koriander, gemahlen

etwas Anis

zusätzlich ca. 120 g Sonnenblumenkerne oder andere Körner nach Geschmack

1 Nacheinander Buchweizen, Sonnenblumenkerne und Hanfsamen im Mixer zu Mehl verarbeiten. Mit den Flohsamenschalen in eine Schüssel geben.

2 Süßkartoffeln schälen und klein schneiden. Mit dem Wasser und den Gewürzen im Mixer glatt mixen, zu den trockenen Zutaten geben und zu einem Teig verrühren.

3 Den Teig auf Dörrfolien zunächst ausstreichen, anschließend eine weitere Dörrfolie auflegen und mit dem Nudelholz glatt ausrollen. Nun die Körner darauf verteilen und sanft hineindrücken.

4 Im Dörrofen bei 42 °C 12 Stunden trocknen. Nach einigen Stunden wenden und ohne Dörrfolien weitertrocknen.

ESSENER BROT

 ca. 20 Minuten

 ca. 8 Stunden

Für 1 Einschub

- 250 g Dinkel
- 2 EL goldene Leinsamen, gemahlen
- 2 EL weißes Mandelmus
- 100 ml Wasser
- 1 TL Brotgewürz oder jeweils etwas Koriander, Kümmel, Anis und Fenchel

1 Dinkel keimen lassen ▶ Seite 32. Das dauert etwa 2 bis 3 Tage.

2 Gekeimten Dinkel mit allen weiteren Zutaten in die Küchenmaschine mit S-Messer geben und zu einem Teig mixen. Dieser Vorgang dauert einige Minuten.

3 Achtung, der Teig ist klebrig. Auf einer Dörrfolie auf eine Größe von etwa 30 × 30 cm ausstreichen und in die gewünschte Form einschneiden.

4 Im Dörrofen zunächst 1 Stunde bei 63 °C dörren. Dann die Temperatur auf 42 °C reduzieren. Nach weiteren 3 bis 4 Stunden wenden und ohne Dörrfolie weitertrocknen. Nach insgesamt 8 Stunden ist das Brot frühestens fertig.

Vollständig trocken und damit lagerfähig ist es nach etwa 14 Stunden.

Tipp★

Trocknet man das Brot nicht ganz durch, sollte man es möglichst schnell verbrauchen. Sonst kann es sauer werden. Im Kühlschrank aufbewahren.

SCHWARZBROT

 ca. 20 Minuten

 11 Stunden

Für 1 Einschub

- 350 g Sonnenblumenkerne, gemahlen
- 200 g Leinsamen, gemahlen
- 300 g Zucchini
- ½ Zwiebel
- 2 EL Sojasauce
- 1 TL gemahlener Koriander
- 125 ml Wasser

1 Sonnenblumenkerne und Leinsamen in eine Schüssel füllen. Zucchini schälen. Mit den restlichen Zutaten mixen und in die Schüssel geben.

2 Alles zu einem Teig rühren und etwa 10 bis 20 Minuten ziehen lassen.

3 Mit Hilfe einer Winkelpalette auf einer Dörrfolie gleichmäßig ausstreichen und in die gewünschte Form einschneiden oder ausstechen.

KÄSEBROT

 ca. 25 Minuten

 ca. 14 Stunden

Für 1 Einschub

½ Zucchini

1 gelbe Paprika

125 g Cashews, 2 Stunden eingeweicht

2 EL Zitronensaft

4 EL Hefeflocken

½ TL Cayennepfeffer

½ TL Salz

80 g Mandeln, gemahlen

80 g goldene Leinsamen

1. Die Zucchini schälen und grob zerkleinern. Paprika in Stücke schneiden und in den Mixer füllen. Die Cashews spülen und zusammen mit Zitronensaft und den Gewürzen dazugeben. Alles gut mixen.
2. Die Mandeln und Leinsamen hinzufügen und untermixen. Die Masse auf eine Dörrfolie mit dem Spachtelmesser gleichmäßig ausstreichen und in die gewünschte Form einschneiden.
3. 2 Stunden bei 63 °C und anschließend 8 bis 10 Stunden bei 42 °C dörren. Nach etwa 6 Stunden wenden und ohne Folie weiterdörren.

Tipp★

Dieses Brot erinnert an die Kruste von Käsebrötchen. Als ich das Käsebrot zum ersten Mal gegessen habe, konnte ich es kaum glauben. Also Vorsicht, absolute Suchtgefahr!

SÜSSES GEBÄCK

ZIMT

ZIMTSCHNECKEN

 25 Minuten

 ca. 12 Stunden

Für 2–3 Portionen

3 große Bananen
2 EL Rosinen
1 EL Mandelmus
½ EL Zimt
2 EL Wasser
2 EL Walnüsse

1. Bananen schälen und mit einem scharfen Messer der Länge nach in jeweils etwa 3 gerade Scheiben schneiden. (Je nach Dicke der Banane auch 4 Scheiben.) Beim Scheiden mit der Rundung der Banane gehen.
2. Die Bananenscheiben vorsichtig auf eine Dörrfolie legen. Die äußeren Scheiben mit der Schnittfläche nach oben legen. Im Dörrofen bei 42 °C 12 Stunden dörren. Bananenscheiben nach etwa 3 Stunden wenden und ohne Dörrfolie weitertrocknen.
3. Aus Rosinen, Mandelmus, Zimt, Wasser und Walnüssen eine grobe Masse mixen. Dazu eignet sich ein Pürierstab oder der Personal Blender.
4. Jeweils eine Seite der Bananenscheiben mit der Zimtmasse bestreichen. Bei den Endstücken die Schnittflächen bestreichen. Jeweils zwei bestrichene Bananenscheiben übereinanderlegen, die Endstücke zuunterst. Nun aufrollen.

Entweder du vernascht diese köstlichen Dinger sofort oder legst sie noch einmal für 1 bis 2 Stunden in den Dörrofen.

Tipp★

Du kannst auch nur jeweils eine Bananenscheibe zu einer Schnecke rollen. Das ergibt dann kleinere Zimtschnecken, die ebenfalls wunderhübsch anzusehen sind!

SCONES

 ca. 20 Minuten

 4–10 Stunden

Für 8 Stück

150 g Hafermehl
100 g Erdmandelmehl
100 g goldene Leinsamen
75 g ungesüßte Cranberries
50 g Walnüsse
150 g Datteln
200 ml gefiltertes Wasser
1 TL Orangenpulver ▶ Seite 209
1 TL Vanillepulver

1 Hafermehl, Erdmandelmehl, Leinsamen und Cranberries in eine Schüssel geben. Walnüsse hacken und dazugeben. Alles miteinander vermengen.

2 Datteln mit Wasser und Gewürzen zu einer Dattelpaste mixen, dazugeben und unterkneten.

3 Auf einer Dörrfolie einen Kreis mit einem Durchmesser von etwa 22 cm ausstreichen. Eventuell den Rand einer Springform zu Hilfe nehmen.

4 Bei 42 °C bis zur gewünschten Konsistenz dörren – mindestens 4 Stunden. Nach 3 Stunden die Dörrfolie entfernen.

Im Kühlschrank halten die Scones etwa 1 bis 2 Wochen.

Tipp★

Ich esse die Scones als süßen Nachmittagssnack sehr gerne zu einer Tasse grünem Tee.

AUSSTECHKEKSE

 ca. 1 Stunde

 8–16 Stunden

Für ca. 50 Stück

150 g Buchweizenmehl

75 g helles Mandelmehl ▶ Seite 56

75 goldene Leinsamen, gemahlen

1 EL Flohsamenschalen, gemahlen

60 g Kokosblütenzucker

60 ml Ahornsirup

60 g Mandelmus

20 ml Rapsöl

jeweils ½ TL Orangen- und Zitronenpulver ▶ Seite 209

100 ml Wasser

1 Buchweizenmehl, Mandelmehl, Leinsamen und Flohsamenschalen in einer Schüssel mischen.

2 Kokosblütenzucker, Ahornsirup, Mandelmus, Rapsöl und Zitruspulver in der Küchenmaschine mit S-Messer zu einer einheitlichen Masse verarbeiten. Dabei das Wasser dazugeben. Anschließend zur Mehlmischung geben und unterkneten.

3 Im Kühlschrank mit einer Klarsichtfolie abgedeckt über Nacht ziehen lassen. Dann den Teig ausrollen und ausstechen. Der Teig ähnelt von der Textur herkömmlichem Plätzchenteig und lässt sich intuitiv verarbeiten.

4 Kekse auf einer Dörrfolie platzieren. Die erste Stunde bei 63 °C dörren. Dann bei 42 °C weitertrocknen und nach 2 Stunden die Dörrfolie entfernen. Nach insgesamt 8 Stunden sind sie zum Verzehr geeignet. Für die vollständige Trocknung brauchen die Kekse aber noch wesentlich länger, etwa 16 Stunden.

Für die Aufbewahrung bevorzuge ich bei diesen Keksen das Einfrieren. Nach dem Auftauen lege ich die Kekse noch einmal kurz in den Dörrofen.

Der perfekte Ausstechteig

▶ Ich habe wirklich lange herumexperimentiert, bis ich den perfekten Teig für Ausstechkekse gefunden habe. Geschmacklich sollten die Kekse überzeugen, aber auch gut zu verarbeiten sein – gerade mit Kindern. Mit diesem Ergebnis bin ich sehr zufrieden und ich variiere nur noch die Gewürze!

APFELSTRUDEL

 ca. 20 Minuten

 12–15 Stunden

Für 1 Strudel

Obstleder:

- 2 Bananen
- 2 Äpfel
- Saft von ½ Zitrone
- 2 EL goldene Leinsamen, gemahlen

Füllung:

- 3 Äpfel
- Saft von ½ Zitrone
- 3 EL Mandelmus
- 70 g Rosinen
- 1 TL Zimt
- 1 EL Flohsamenschalen, gemahlen

1 Aus Bananen und Äpfeln ein Obstleder herstellen. Dazu Äpfel, Bananen und Zitronensaft gut mixen. Zum Schluss die gemahlenen Leinsamen dazugeben und noch einmal untermixen.

2 Auf einer Dörrfolie auf eine Größe von etwa 30 × 30 cm glatt ausstreichen. Bei 42 °C etwa 12 Stunden oder länger dörren. Das Leder ist fertig, wenn es an der Unterseite glatt ist und sich komplett von der Folie lösen lässt.

3 Für die Füllung Äpfel reiben und sofort mit dem Zitronensaft mischen. Dann die restlichen Zutaten dazugeben und gut vermischen. Etwas quellen lassen. Die Füllung gleichmäßig auf das Obstleder verteilen und den Apfelstrudel aufrollen. Mit einem scharfen Messer in Stücke schneiden.

CRÊPES

 ca. 30 Minuten

 12 Stunden

Für 2 große Crêpes

- 3 Bananen
- 2 EL goldene Leinsamen, gemahlen
- 150 g Haselnüsse
- 10 weiche Datteln
- 150 ml Mandelmilch ▶ Seite 57
- 3 EL Kakaopulver
- 1 TL Vanillepulver
- zusätzliche Bananen oder Obst nach Saison

1. Die Bananen im Mixer mixen und in eine Schüssel füllen. Die Leinsamen dazugeben und noch einmal mixen. Den Teig auf Dörrfolien in 2 große, gleichmäßig dünne Kreise ausstreichen. Ich nehme den Rand einer Springform dabei zu Hilfe.
2. Bei 42 °C etwa 10 Stunden dörren. Der Teig darf nicht mehr nass sein, aber auch nicht knusprig werden. Wenn er fertig ist, vorsichtig lösen.
3. Für die Schokoladenfüllung die Haselnüsse in der Küchenmaschine mit S-Messer solange häckseln, bis ein feines Mehl entstanden ist. Nicht umfüllen.
4. Die Datteln mit Mandelmilch, Kakaopulver und Vanillepulver im Mixer zu einem Kakao mixen.
5. Die Küchenmaschine wieder anstellen und so viel Kakao zugeben, bis die gewünschte dickflüssige Konsistenz erreicht ist.
6. Die Crêpes mit der Schokoladenfüllung bestreichen, Bananenscheiben oder anderes Obst mittig darauf setzen und die Seiten zur Mitte hin zuklappen. Eventuell mit einem Zahnstocher fixieren.

CHOCOLATE COOKIES

 ca. 20 Minuten

 4 Stunden

Für etwa 18 Stück

- 200 g weißes Mandelmehl ▶ Seite 56
- 60 g Leinsamen, gemahlen
- 35 g Kakaopulver
- 50 ml Ahornsirup
- 50 ml Rapsöl
- 50 ml Wasser
- 60 g Walnüsse
- 1 TL Vanillepulver
- 20 g rohe Schokolade oder Kakaonibs

1. Mandelmehl, gemahlene Leinsamen und Kakaopulver in der Küchenmaschine mit S-Messer mixen, bis alles gut vermengt ist.
2. Rapsöl, Ahornsirup, Wasser, Walnüsse und Vanillepulver dazugeben. Zu einem Teig mixen, der zwar etwas klebrig, aber dennoch gut zu verarbeiten ist. In eine Schüssel füllen und etwas quellen lassen.
3. Schokolade hacken und in den Teig einkneten.
4. Eine Dörrfolie bereit legen und mit den Händen den Teig zu Cookies formen (25 bis 30 g Teig, etwa 6 cm).
5. Bei 42 °C bis zur gewünschten Konsistenz dörren, jedoch mindestens 4 Stunden. Nach 2 ½ Stunden die Dörrfolie entfernen. Die Cookies sind frisch außen knusprig und innen weich.

Innerhalb von 1 bis 2 Wochen verbrauchen. Vor dem Verzehr kurz in den Dörrofen geben.

Tipp★

Diese Cookies sind sehr schwach gesüßt. Ich süße grundsätzlich nicht so stark, mag aber trotzdem Schokolade sehr! Probiere den Teig vor dem Dörren und süße ihn eventuell etwas mehr, vor allem wenn du Gäste bekommst.

ERDMANDEL-PFANNKUCHEN MIT DÖRR-BANANEN

 15 Minuten

 ca. 12 Stunden

Für 8 Stück

Pfannkuchen:

- 5 Bananen
- 375 g Erdmandelmehl
- 5 EL weißes Mandelmus
- ½ TL Vanillepulver
- 5 EL Flohsamenschalen, gemahlen
- 5 EL goldener Leinsamen, gemahlen

Dörr-Bananen:

- 6 Bananen
- 4 EL Zitronensaft
- 4 Kokosblütenzucker, gemahlen

1 Bananen schälen und grob teilen. In den Mixer geben und restliche Zutaten bis auf Flohsamenschalen und Leinsamen dazugeben. Alles fein mixen.

2 Zum Schluss Flohsamenschalen und Leinsamen hinzufügen und noch einmal untermixen. In eine Schüssel geben und quellen lassen.

3 Die Masse auf Dörrfolien zu 8 Pancakes mit einem Durchmesser von etwa 15 cm und einer Dicke von 0,5 cm ausstreichen und etwa 12 Stunden bei 42 °C dörren. Nach der Hälfte der Zeit wenden und ohne Dörrfolie weitertrocknen.

4 Für die Dörr-Bananen die Bananen der Länge nach in Scheiben schneiden. Vorsichtig vorgehen. Die Menge der Scheiben hängt von der Dicke der Bananen ab, nicht zu dünne Scheiben schneiden. Alle Scheiben auf einer Dörrfolie platzieren.

5 Aus Zitronensaft und Kokosblütenzucker eine Marinade herstellen und die Bananen damit bestreichen. Bei 42 °C bis zur gewünschten Konsistenz, jedoch mindestens 5 bis 6 Stunden dörren.

Tipp★

Lecker mit einer einfachen Schokosauce, die aus Ahornsirup, weißem Mandelmus und Kakaopulver zusammengerührt werden kann.

MOHNROLLE

 ca. 30 Minuten

 12–14 Stunden

Für 1 Mohnrolle

Obstleder:

- 2 Bananen
- 125 g Zucchini
- Saft von ½ Zitrone
- 50 g goldene Leinsamen, gemahlen
- 20 g weißes Mandelmehl ▶ Seite 56

Füllung:

- 80 g Mohn, über Nacht eingeweicht
- 80 g Cashews, 2 Stunden eingeweicht
- 80 g Ahornsirup
- 60 g Kokosmus
- 1 EL Flohsamenschalen
- jeweils ½ TL Orangen- und Zitronenpulver ▶ Seite 209

1. Bananen in grobe Stücke schneiden und in den Mixer füllen. Zucchini schälen und dazugeben. Zusammen mit dem Zitronensaft glatt mixen. Leinsamen und Mandelmehl dazugeben und noch einmal mixen.
2. Auf einer Dörrfolie auf eine Größe von 22 × 28 cm gleichmäßig ausstreichen und im Dörrofen die erste Stunde bei 63 °C und dann weitere 12 Stunden bei 42 °C dörren. Nach etwa 6 Stunden lässt sich das Leder von der Folie abziehen. Dann wenden und ohne Dörrfolie weiterdörren.
3. Wichtig ist, dass das Leder fest, aber noch weich und biegsam ist. Ich empfehle, es während des Dörrens immer mal wieder zu kontrollieren.
4. Für die Füllung Mohn und Cashews spülen und in einen Mixer geben. Ahornsirup hinzufügen und gut mixen.
5. Kokosmus sanft flüssig werden lassen, z. B. über Wasserdampf. Dann Kokosmus, Flohsamenschalen und Gewürze zur Mohnmasse in den Mixer geben und noch einmal durchmixen.
6. Mohnmasse auf dem Leder verteilen, dabei die Ränder etwas aussparen. Von unten nach oben aufrollen und mehrere Stunden im Kühlschrank fest werden lassen. Vor dem Servieren in Scheiben schneiden.

Tipp★

Vor dem Aufschneiden mit gemahlenem Xylit als Puderzucker bestäuben.

BLAUBEER-CRUMBLE

 ca. 40 Minuten

 4–5 Stunden

Für 4 Personen

75 g Buchweizen

100 g Erdmandelmehl

50 ml Mandelmilch ▶ Seite 57

50 g weiche Datteln

2 EL Kokosblütenzucker

1 Prise Salz

1 ½ EL goldene Leinsamen, gemahlen

1 EL Flohsamenschalen, gemahlen

500 g TK-Blaubeeren, aufgetaut

1 Den Buchweizen über Nacht einweichen und anschließend gut waschen und trockentupfen. Alternativ ankeimen lassen ▶ Seite 32.

2 Buchweizen, Erdmandelmehl, Mandelmilch, Datteln, Kokosblütenzucker und Salz in die Küchenmaschine mit S-Messer geben und zu einem schönen, konsistenten Teig verarbeiten. Zum Schluss die Leinsamen und Flohsamenschalen dazugeben und gleichmäßig untermixen.

3 Blaubeeren gründlich abtropfen lassen und in eine Auflaufform geben. In dieser Zeit darf der Crumble-Teig etwas quellen und fester werden.

4 Crumble-Teig mit den Händen über die Blaubeeren bröseln. Zunächst bei 63 °C 1 Stunde dörren und im Anschluss bei 42 °C nach Belieben weiterdörren, je nachdem wie trocken und knusprig man die Streusel mag. Ich dörre Crumble meist etwa 4 bis 5 Stunden oder praktischerweise über Nacht.

STREUSELKUCHEN

 45 Minuten

 ca. 2–4 Stunden

Für eine 26er Springform

Boden und Streusel:

- 200 g Erdmandelmehl
- 200 g Buchweizenmehl
- 100 g goldene Leinsamen, gemahlen
- 250 g weiche Datteln
- 200 ml Wasser
- Saft von ½ Zitrone
- ½ TL Vanillepulver
- für die Streusel zusätzlich 50 g Haferflocken und 2 EL Ahornsirup

Füllung:

- 150 g Kokosöl
- 350 g plus 60 g TK-Kirschen, aufgetaut
- 350 g Cashews, 2 Stunden eingeweicht
- 100 g Ahornsirup
- 1 TL Vanillepulver
- Saft von ½ Zitrone
- 1 TL Flohsamenschalen

1. Erdmandelmehl, Buchweizenmehl und Leinsamen in eine Schüssel geben. Aus Datteln, Wasser, Zitronensaft und Vanillepulver eine Dattelpaste mixen. Diese hinzufügen und mit den Händen kneten, bis eine feste, nicht klebrige Masse entsteht.
2. Eine Springform mit Backpapier auslegen und den Rand mit Kokosöl einfetten.
3. Von dem Teig 650 g abnehmen und auf dem Boden der Springform verteilen. Sanft und gleichmäßig zu einem festen Boden drücken. Eventuell mit der Rückseite eines Esslöffels glatt streichen.
4. Den Boden nun ohne Springform (nur auf dem Backpapier) auf ein Dörrgitter legen (vorsichtig!) und in den Dörrofen geben.
5. Den restlichen Teig mit den Händen zu Streuseln verarbeiten. Dabei Haferflocken und Ahornsirup einarbeiten. Streusel auf eine Dörrfolie geben und ebenfalls in den Dörrofen schieben.
6. Nun alles etwa 2 Stunden bei 42 °C dörren, dann den Boden eventuell nach 1 Stunde einmal vorsichtig wenden.
7. Den Boden wieder in die Springform spannen und die Füllung vorbereiten. Die Streusel dürfen weiter im Dörrofen bleiben, damit sie knusprig werden.
8. Für die Füllung das Kokosöl sanft schmelzen. 350 g Kirschen mit abgespülten Cashews, Ahornsirup, Vanillepulver und Zitronensaft im Mixer glatt mixen. Flüssiges Kokosöl und Flohsamenschalen erst zum Schluss dazugeben und noch einmal kurz mixen.
9. Die flüssige Masse auf den Kuchen geben. Restliche Kirschen darauf verteilen und vorsichtig hineindrücken. Etwas stehen lassen und dann die Streusel darauf verteilen. Den Streuselkuchen im Kühlschrank mehrere Stunden vollständig fest werden lassen und servieren.

BROWNIES MIT FRUCHTFÜLLUNG

 ca. 45 Minuten

 12–14 Stunden

Für 1 Einschub, 16 Stück

Brownies:

- 350 g Walnüsse, über Nacht eingeweicht
- 75 g Pekannüsse, über Nacht eingeweicht
- 300 g weiche Datteln
- 125 ml Wasser
- 5 gehäufte EL Kakaopulver
- 2 EL Ahornsirup
- 2 TL Macapulver
- 1 TL Vanillepulver
- 1 Prise Salz
- Schokoladenglasur ▶ Seite 168 und frische oder getrocknete Früchte als Garnitur

Orangenmarmelade:

- 3 Orangen
- ¼ TL Vanillepulver
- 1 weiche Dattel
- 1 TL Flohsamenschalen, gemahlen

oder Erdbeermarmelade:

- 300 g Erdbeeren
- ¼ TL Vanillepulver
- 1 Dattel
- 1 TL Flohsamenschalen, gemahlen

1 Walnüsse und Pekannüsse abspülen, in einem Sieb abtropfen lassen und in einer Schüssel mit allen anderen Zutaten vermengen. In 2 bis 3 Portionen in der Küchenmaschine mit S-Messer zu einem feinkörnigen Teig verarbeiten.

2 Den klebrigen Teig auf einer Dörrfolie gleichmäßig auf eine Größe von 30 × 30 cm ausstreichen. Eventuell am Ende noch einmal mit einer zweiten Dörrfolie und einem Nudelholz eben rollen.

3 2 Stunden bei 60 °C dörren. Dann wenden und die Dörrfolie entfernen.

4 Für die Marmeladen die Früchte putzen bzw. schälen und mit den restlichen Zutaten zu einem feinen Püree mixen. Ich mixe sie, nachdem ich die Brownies zum ersten Mal in den Dörrofen geschoben habe, so kann die Marmelade 2 Stunden quellen und wird etwas fester.

5 Die Brownies in 15 × 15 cm große Stücke schneiden. 2 Stücke mit der Marmelade bestreichen und mit den anderen 2 Stücken belegen.

6 Weitere 10 bis 12 Stunden bei 42 °C dörren oder je nach gewünschter Konsistenz. Die Brownies werden außen fester und bleiben innen schön weich.

7 Wenn sie fertig sind, in die gewünschte Form schneiden, mit Schokoglasur ▶ Seite 168 und Dekofrüchten garnieren und im Kühlschrank etwa 30 Minuten fest werden lassen.

Im Kühlschrank 1 Woche haltbar und sie können sehr gut eingefroren werden.

KOKOSMAKRONEN

 ca. 20 Minuten

 6 Stunden

Für ca. 25 Stück

200 g Kokosraspel
1 EL Zitronensaft
3 EL Ahornsirup
100 g helles Mandelmehl
▶ Seite 56
1 TL Vanillepulver

1 Kokosraspel mit Zitronensaft und Ahornsirup mehrere Minuten in der Küchenmaschine mixen. Dabei die Küchenmaschine immer wieder öffnen und die am Rand hängengebliebene Kokosmasse abstreifen.

2 Wenn ein schönes Mus entstanden ist, restliche Zutaten hinzufügen und nochmal gut vermengen.

3 Mit den Händen erst in Kugeln formen und dann in die gewünschte makronenartige Form bringen.

4 Für etwa 6 Stunden bei 42 °C trocknen.

DONUTS

 ca. 35 Minuten

 10–12 Stunden

Für 8 Stück

400 ml Wasser

100 g Cashews, 2 Stunden eingeweicht

100 g Kokosblütenzucker

35 g Rapsöl

60 g Flohsamenschalen

120 g Haferflocken, gemahlen ▶ Seite 63

60 g Mandeln, gemahlen

1 TL Vanillepulver

1 Wasser, Cashews (ohne Einweichwasser), Kokosblütenzucker und Rapsöl in den Mixer geben und glatt mixen. Dann die Flohsamenschalen dazugeben und noch einmal durchmixen. Mixer mit Inhalt zur Seite stellen.

2 In einer Schüssel die gemahlenen Haferflocken, Mandeln und Vanillepulver mischen.

3 In dieser Zeit ist die Flüssigkeit im Mixer etwas zäher geworden. Diese nun in die Mehlmischung geben und alles gut vermischen.

4 Eine Donutform aus Silikon nehmen und jeweils etwa 1 Handvoll Teig in die Formen geben, bis diese bis zum Rand gefüllt sind. Sanft festdrücken und vorsichtig wieder herauslösen. Alternativ können die Donuts auch mit der Hand geformt werden.

5 Donuts auf eine Dörrfolie setzen und etwa 10 bis 12 Stunden bei 42 °C dörren. Nach etwa 3 Stunden können die Donuts gewendet und ohne Folie weitergetrocknet werden.

Tipp★

Donuts in Schokoladenglasur ▶ Seite 168 tunken und mit karamellisierten Nüssen ▶ Seite 182, gefriergetrockneten Früchten oder gefärbten Kokosraspeln verzieren.

SCHOKOLADENGLASUR

 ca. 45 Minuten

200 g Kakaobutter
100 g Kokosblütenzucker
100 g Kakaopulver

1. Kakaobutter zart schmelzen. Ideal ist es, sie fein geschnitten in einer Schüssel mit in den Dörrofen zu stellen. Alternativ über Wasserdampf schmelzen.
2. Kokosblütenzucker im Mixer fein mahlen. Achtung, im Mixer sieht der feine Kokosblütenzucker aus wie Dampf!
3. Kakaobutter und Kakaopulver zum Kokosblütenzucker geben. Mixen, bis die Temperatur 42 °C erreicht hat. In eine Edelstahlschüssel füllen und unter Rühren auf 31 °C bringen.
4. Nun kann die Glasur verarbeitet werden!

Tipp★

Ich verwende für die Messung der Temperatur einen sogenannten Thermospatel, einen Silikonspatel mit Thermometer. Kostet online etwa 20 Euro – eine absolut lohnenswerte Investition, wenn man gerne Schokolade macht!

Kleine Mengen lassen sich mit einem Mixer nur schwer herstellen und meist bleibt etwas flüssige Glasur übrig. Ich gieße den Rest in Schokoladenformen und habe so immer ein Stückchen Schokolade für den kleinen Hunger im Haus!

KNABBERN, SNACKEN, NASCHEN

SAURES FRUCHTGUMMI

 ca. 15 Minuten

 12–14 Stunden

Für 1 Einschub im Dörrofen

2 Orangen

70 g Banane

1 EL Xylit

1 Eine der Orangen schälen und vierteln, die andere Orange mit Schale vierteln. Zusammen mit den anderen Zutaten in den Mixer geben und glatt mixen.

2 Anschließend gleichmäßig dünn auf die Dörrfolie ausstreichen und im Dörrofen 12 bis 14 Stunden bei 42 °C trocknen, bis das Leder eine gummiartige Konsistenz erreicht hat und man es von der Folie ziehen kann. Eventuell ohne Folie etwas weitertrocknen.

3 Mit einer Zick-Zack-Schere in Fäden schneiden.

Hinweis★

In diesem Buch gebe ich einige wertvolle Hinweise zur Herstellung von Obstleder ▶ ab Seite 54. Schaue sie dir unbedingt an, bevor du loslegst!

ERDBEER-ROSE-LEDER

 ca. 15 Minuten

 12–14 Stunden

Für 1 Einschub im Dörrofen

500 g reife Erdbeeren

1–2 EL Rosenwasser

1 EL Ahornsirup

1 Bei den Erdbeeren den Strunk entfernen und mit den restlichen Zutaten im Mixer glatt mixen.

2 Dünn und gleichmäßig auf einer Dörrfolie ausstreichen und im Dörrofen 12 bis 14 Stunden bei 42 °C trocknen, bis das Leder eine gummiartige Konsistenz erreicht hat und man es von der Folie ziehen kann. Eventuell ohne Folie etwas weitertrocknen.

BLAUBEER-LAVENDEL-LEDER

 ca. 15 Minuten

 12–14 Stunden

Für 1 Einschub im Dörrofen

- 450 g Blaubeeren
- 1 Tropfen ätherisches Lavendelöl
- ½ TL Vanillepulver
- 1 TL Flohsamenschalen, gemahlen
- 1 EL Ahornsirup

1 Alle Zutaten im Mixer glatt mixen.

2 Dünn und gleichmäßig auf einer Dörrfolie ausstreichen und im Dörrofen 12 bis 14 Stunden bei 42 °C trocknen, bis das Leder eine gummiartige Konsistenz erreicht hat und man es von der Folie ziehen kann. Eventuell ohne Folie etwas weitertrocknen.

ERDNUSS-BANANE-LEDER

 ca. 15 Minuten

 12-14 Stunden

Für 1 Einschub im Dörrofen

2 große reife Bananen

2 große EL Erdnussmus

½ TL Zimt

1 Alle Zutaten im Mixer glatt mixen.

2 Dünn und gleichmäßig auf einer Dörrfolie ausstreichen und im Dörrofen 12 bis 14 Stunden bei 42 °C trocknen, bis das Leder eine gummiartige Konsistenz erreicht hat und man es von der Folie ziehen kann. Eventuell ohne Folie etwas weitertrocknen.

MANGO-VANILLE-LEDER

 ca. 15 Minuten

 12–14 Stunden

Für 1 Einschub im Dörrofen

1 große Mango

1 reife Banane

½ TL Vanille

1. Alle Zutaten im Mixer glatt mixen.
2. Dünn und gleichmäßig auf einer Dörrfolie ausstreichen und im Dörrofen 12 bis 14 Stunden bei 42 °C trocknen, bis das Leder eine gummiartige Konsistenz erreicht hat und man es von der Folie ziehen kann. Eventuell ohne Folie etwas weitertrocknen.

KÜRBISKERN-BITES

 25 Minuten

 14–16 Stunden

Für ca. 4 Portionen

100 g weiche Datteln

150 ml Wasser

½ TL Vanillepulver

200 g Kürbiskerne

3 gehäufte EL Chiasamen

1. Aus Datteln, Wasser und Vanillepulver im Mixer eine Dattelpaste mixen und in eine Schüssel füllen.
2. Die Kürbiskerne und Chiasamen dazugeben. Rühren, bis alles gleichmäßig verteilt ist und etwa 10 Minuten quellen lassen.
3. Auf eine Größe von etwa 22 × 33 cm auf einer Dörrfolie ausstreichen und bei 42 °C 14 bis 16 Stunden dörren, dabei nach der Hälfte der Zeit wenden und ohne Dörrfolien weiterdörren.
4. Zuletzt mit einem scharfen Messer in die gewünschte Größe schneiden.

Die Kürbiskern-Bites sind luftdicht verschlossen über mehrere Monate lagerfähig.

MÜSLIRIEGEL

 30 Minuten

 ca. 12 Stunden

Für ca. 18 Stück

- 40 g Erdnüsse, über Nacht eingeweicht
- 40 g Pekannüsse, über Nacht eingeweicht
- 80 g Kürbiskerne, über Nacht eingeweicht
- 40 g Sesam, über Nacht eingeweicht
- 4 getrocknete Feigen
- 20 g Apfelringe oder Apfelchips
- 1 gehäufter TL Zimt
- 2 EL Kokosblütenzucker
- 1 TL Ahornsirup
- 2 EL Chiasamen

1 Eingeweichte Nüsse und Saaten spülen und abtropfen. In die Küchenmaschine mit S-Messer geben. Feigen und Apfelringe bzw. -chips in grobe Stücke schneiden und dazugeben. Zimt, Kokosblütenzucker und Ahornsirup hinzufügen und alles grob häckseln.

2 Die Chiasamen dazugeben und kurz unterhäckseln. Die Masse sollte zwischen den Fingern gedrückt zusammenkleben.

3 Nun eine Riegelform aus Silikon zur Hand nehmen (ich verwende einen mit der Größe 3 × 6,5 cm und einer Höhe von etwa 1,5 cm). Den Teig portionsweise fest in die Formen drücken. Anschließend vorsichtig herausdrücken und auf eine Dörrfolie platzieren.

4 Im Dörrofen 12 Stunden bei 42 °C trocknen und nach etwa 7 Stunden ohne Dörrfolie weitertrocknen.

Die Riegel sind luftdicht und trocken gelagert mehrere Monate haltbar.

CRÈME BRÛLÉE

 45 Minuten

 2–3 Stunden

Für 4 kleine Desserts

2 EL Flohsamenschalen

500 ml Mandelmilch ▶ Seite 57

60 g Cashews

120 g Kokosraspel

4 EL Ahornsirup

2 EL Zitronensaft

1 TL Vanillepulver

Karamell:

2 EL Ahornsirup

2 EL Kokosblütenzucker, gemahlen

1 Die Flohsamenschalen in die Mandelmilch einrühren und mindestens 2 Stunden quellen lassen. Cashews und Kokosraspel für ebenfalls 2 Stunden getrennt voneinander einweichen. Nach der Einweichzeit jeweils spülen und abtropfen lassen.

2 Alle Zutaten bis auf die Kokosraspel in einen Mixer geben und sehr gut durchmixen.

3 Die Kokosraspel dazugeben und nochmals kurz durchmixen, aber nicht zu lange, da die Kokosraspel noch fein stückig bleiben sollen und für ein fluffiges Mundgefühl sorgen.

4 Die Masse in kleine Dessertschälchen verteilen. Ahornsirup und gemahlenen Kokosblütenzucker in einer kleinen Schüssel verquirlen und über die Desserts verteilen, so dass diese vollständig bedeckt werden.

5 2 bis 3 Stunden bei 42 °C dörren.

KARAMELLISIERTE WALNÜSSE

 15 Minuten

 ca. 14 Stunden

Für ca. 4 Portionen

200 g Walnüsse, über Nacht eingeweicht

3 EL Kokosblütenzucker

1 TL Ahornsirup

½ TL Vanillepulver

1. Die Walnüsse spülen und gut abtropfen lassen. Eventuell mit Hilfe eines Geschirrtuches trockentupfen und in eine Schüssel geben.
2. Den Kokosblütenzucker mahlen.
3. Ahornsirup, Kokosblütenzucker und Vanillepulver zu den Walnüssen geben und mit der Hand gut durchmischen.
4. Auf die Dörrfolie geben und bei 42 °C mindestens 14 Stunden vollständig durchtrocknen.

Suchtgefahr

▶ Karamellisierte Walnüsse machen wirklich süchtig, wenn man sie pur knabbert! Auch eignen sie sich, um sie in Müslis oder Porridges beizumischen oder als dekoratives Topping auf rohen Torten!

KARAMELLISIERTE HASELNÜSSE MIT ORANGENAROMA

 15 Minuten

 ca. 14 Stunden

Für ca. 4 Portionen

200 g Haselnüsse, über Nacht eingeweicht

2 EL Kokosblütenzucker

½ TL Vanillepulver

2 Tropfen ätherisches Orangenöl

1. Haselnüsse spülen und gut abtropfen lassen. Eventuell mit Hilfe eines Geschirrtuches trockentupfen und in eine Schüssel geben.
2. Den Kokosblütenzucker mahlen.
3. Kokosblütenzucker, Vanillepulver und Orangenöl zu den Haselnüssen geben und mit der Hand gut durchmischen.
4. Auf die Dörrfolie geben und bei 42 °C mindestens 14 Stunden vollständig durchtrocknen.

Tipp★

Wenn Nüsse verwendet werden, die keine Rohkostqualität besitzen (wie die meisten aus dem Handel), dann können die karamellisierten Nüsse auch bei 63 °C hergestellt werden, um die Dörrzeit zu verkürzen und Energie zu sparen.

SCHOKO-GRÜNKOHLCHIPS

Für gutes Gelingen:

- Bio-Grünkohl verwenden, der konventionelle ist stark belastet.
- Grünkohl nicht nass verarbeiten.
- Für Grünkohlchips den Strunk entfernen.
- Grünkohl schrumpft während des Dörrens, also nicht zu kleine Blätter zupfen.
- Marinade gut und kräftig in den Grünkohl einmassieren. Keine Scheu!
- Luftdicht in Bügelgläsern aufbewahren, damit sie mehrere Wochen frisch bleiben.
- Sind die Chips weich geworden, vor dem Verzehr noch einmal dörren.
- Nicht unterschätzen, wie lecker Grünkohlchips sind!

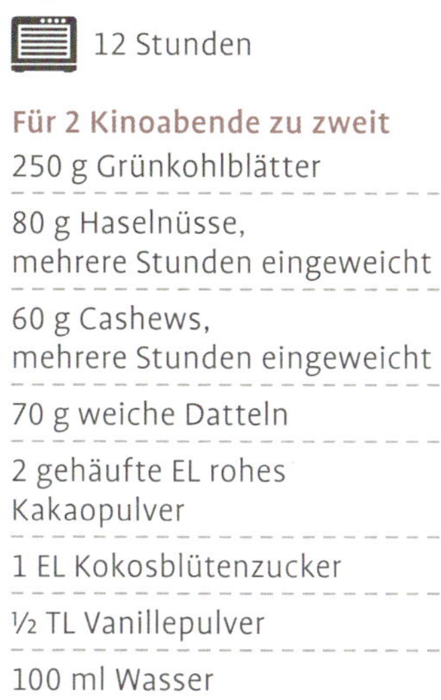

20 Minuten

12 Stunden

Für 2 Kinoabende zu zweit

250 g Grünkohlblätter

80 g Haselnüsse, mehrere Stunden eingeweicht

60 g Cashews, mehrere Stunden eingeweicht

70 g weiche Datteln

2 gehäufte EL rohes Kakaopulver

1 EL Kokosblütenzucker

½ TL Vanillepulver

100 ml Wasser

1 Die Grünkohlblätter in gewünschte Größe zupfen und in eine große Schüssel geben.

2 Die eingeweichten Nüsse abspülen. Dann mit Datteln, Kakaopulver, Kokosblütenzucker, Vanillepulver und Wasser in den Mixer geben und zu einer glatten Creme mixen.

3 Über den Grünkohl geben und gründlich einmassieren. Auf 2 Dörrgitter verteilen und im Dörrofen etwa 12 Stunden bei 42 °C trocknen.

Tipp★

Vertraut mir, süße Grünkohlchips sind ein absoluter Hit!

SPICY BLUMENKOHL-POPCORN

 ca. 20 Minuten

 14 Stunden

Für 4–6 Personen

750 g Blumenkohlröschen
5 EL Olivenöl
3 EL Hefeflocken
1 TL Knoblauchpulver
1 TL Salz

1. Blumenkohlröschen in eine Schüssel geben.
2. Aus den restlichen Zutaten eine Marinade herstellen und über die Blumenkohlröschen verteilen.
3. Mit den Händen gut miteinander vermengen und auf ein Dörrgitter verteilen.
4. 2 Stunden bei 63 °C, dann 12 bis 16 Stunden bei 42 °C dörren. Die Dörrzeit variiert je nach gewünschter Konsistenz.

Sofort verzehren.

Tipp★

Das Popcorn hält sich nur wenige Tage. Ich bewahre es im Kühlschrank auf und gebe es vor dem Verzehr noch einmal etwa 1 Stunde in den Dörrofen.

PIKANTE GRÜNKOHLCHIPS

 20 Minuten

 12 Stunden

Für 2 Kinoabende zu zweit

250 g Grünkohlblätter
80 g Walnüsse, mehrere Stunden eingeweicht
60 g Kürbiskerne, mehrere Stunden eingeweicht
1 Zwiebel
1 Knoblauchzehe
Saft von ½ Zitrone
3 EL Sojasauce
1 haselnussgroßes Stück Ingwer
100 ml Wasser

1. Grünkohlblätter in die gewünschte Größe zupfen und in eine große Schüssel geben.
2. Walnüsse und Kürbiskerne gründlich spülen und zusammen mit den restlichen Zutaten in den Mixer geben und zu einer glatten Creme mixen.
3. Über den Kohl geben und gründlich einmassieren.
4. Den Grünkohl auf 2 Dörrgitter verteilen und im Dörrofen etwa 12 Stunden bei 42 °C dörren, bis die Chips knackig sind.

WIRSINGCHIPS

 ca. 20 Minuten

 12 Stunden

Für 2 Kinoabende zu zweit

- 500 g Wirsingblätter
- 3 EL weißes Mandelmus
- 1 TL Apfelessig
- 1 TL Salz
- 1 TL Paprika edelsüß
- ¼ TL geräuchertes Paprikapulver
- 1 EL Olivenöl

1 Den harten Teil des Strunks aus den Wirsingblättern herausschneiden. Blätter in gewünschte Größe zupfen und in eine Schüssel geben.

2 Aus den restlichen Zutaten eine Marinade herstellen. Dabei nicht zu lange rühren, da das Mandelmus sonst zu einer marzipanartigen Masse wird.

3 Marinade über die Wirsingblätter geben und mit den Händen kräftig einmassieren. Wirsingblätter auf Dörrgitter verteilen, ohne dass sie sich überlappen.

4 1 Stunde bei 63 °C, anschließend etwa 12 bis 14 Stunden bei 42 °C knusprig trocknen.

Luftdicht verschlossen sind die Chips mehrere Monate haltbar, verlieren aber ihre Knusprigkeit und sollten vor dem Verzehr noch einmal in den Dörrofen.

INDISCHE PARANÜSSE

 10 Minuten

 ca. 14 Stunden

Für ca. 6 Portionen

- 300 g Paranüsse, über Nacht eingeweicht
- 2 TL Kokosblütenzucker, gemahlen
- 1 TL indische Gewürzmischung
- ½ TL Salz
- 1 TL Apfelessig

1 Paranüsse spülen, abtropfen lassen und mit einem Geschirrtuch trockentupfen.

2 Aus den restlichen Zutaten eine Marinade herstellen und mit den Paranüssen vermengen. Darauf achten, dass die Nüsse von allen Seiten gut benetzt sind.

3 Auf eine Dörrfolie geben und etwa 14 Stunden bei 42 °C dörren. Nach wenigen Stunden, wenn die Marinade nicht mehr ganz so feucht ist, ohne Dörrfolie weiterdörren.

Tipp★

Indische Gewürzmischungen kann man fertig kaufen oder in einem Mörser selbst herstellen: aus Koriander, Pfeffer, Fenchel, Kreuzkümmel, schwarzer Senfsaat, Chiliflocken und Kurkumapulver.

NUSSHAPPEN

 ca. 20 Minuten

 12–14 Stunden

Für einen Einschub

- 80 g goldene Leinsamen
- 160 ml Wasser
- 50 g Walnüsse
- 50 g Haselnüsse
- 3 EL Ahornsirup
- 4 EL gekeimter Buchweizen
- 2 EL Rosinen

1 Leinsamen etwa 1 Stunde in 160 ml Wasser quellen lassen.

2 Walnüsse und Haselnüsse sehr fein hacken oder zu einem sehr groben Mehl verarbeiten.

3 Gequollene Leinsamenmasse mit Ahornsirup im Mixer einmal durchmixen. Dazu ist ein Hochleistungsmixer notwendig, denn es entsteht eine sehr zähe und schleimige Masse. In eine Schüssel geben.

4 Buchweizen und Rosinen dazugeben und gut durchrühren.

5 Auf der Dörrfolie etwa 0,5 cm dick ausstreichen und in kleine Vierecke schneiden. Im Dörrofen 12 bis 14 Stunden bei 42 °C dörren.

6 Nach 4 bis 5 Stunden wenden, eventuell an den Einschnitten noch einmal nachschneiden und ohne Dörrfolie weiterdörren.

Tipp★

Die Nusshappen sind mein liebstes Unterwegs-Rezept!

MÖHRENCHIPS BBQ

 ca. 20 Minuten

 14 Stunden

Für 2–4 Personen

- 250 g Möhren
- 1 EL Sojasauce
- 1 EL Olivenöl
- 1 TL Ahornsirup
- 1 TL Grillgewürz
- ½ TL Paprikapulver edelsüß
- 1 TL Salz
- 1 TL Senf

1. Möhren längs in dünne Scheiben hobeln und in eine Schüssel geben.
2. Aus den restlichen Zutaten eine Marinade herstellen. Die Marinade gründlich mit den Möhrenscheiben vermengen, so dass die Scheiben gut mit der Marinade benetzt sind.
3. So im Dörrofen auf Dörrfolien verteilen, dass die Scheiben nicht überlappen.
4. 2 Stunden bei 63 °C, dann mindestens weitere 12 Stunden ohne Dörrfolien bei 42 °C bis zur vollständigen Trocknung dörren.

Hinweis★

Grillgewürz kann man selbst herstellen aus Paprikapulver, Zwiebel, Pfeffer, Majoran, Rosmarin, Chili, Liebstöckel und Knoblauch.

PASTINAKENCHIPS ARABISCHE ART

 ca. 20 Minuten

 18 Stunden

Für 2–4 Personen

- 250 g Pastinaken
- 1 TL arabische Gewürzmischung
- 1 TL Knoblauchpulver
- 2 EL Tahin
- 2 EL Cashewmus
- 1 EL Sojasauce
- 2 EL Orangensaft

1. Pastinaken schälen, längs in dünne Scheiben hobeln und in eine Schüssel geben.
2. Aus den restlichen Zutaten eine Marinade herstellen. Die Marinade gründlich mit den Pastinakenscheiben vermengen, so dass die Scheiben gut mit der Marinade benetzt sind.
3. So im Dörrofen auf Dörrfolien verteilen, dass die Scheiben nicht überlappen.
4. 2 Stunden bei 63 °C, dann mindestens weitere 16 Stunden ohne Dörrfolien bei 42 °C bis zur vollständigen Trocknung dörren.

Tipp★

Arabische Gewürzmischungen kann man fertig kaufen oder in einem Mörser selbst herstellen: aus Muskatnuss, Pfeffer, Koriander, Kreuzkümmel, Nelken, Zimt, Kardamom, Paprika und Chili.

CHEESY SÜSSKARTOFFELCHIPS

 ca. 20 Minuten

 mind. 14 Stunden

Für 2–4 Personen

- 250 g Süßkartoffeln
- 1 EL Hefeflocken
- 1 EL Apfelessig
- 2 EL Olivenöl
- 1 TL Salz
- 1 EL Cashewmus

1. Süßkartoffeln in dünne Scheiben hobeln und in eine Schüssel geben.
2. Aus den restlichen Zutaten eine Marinade herstellen. Über die Süßkartoffel geben und mischen, so dass alles mit der Marinade benetzt ist.
3. So im Dörrofen auf Dörrfolien verteilen, dass die Scheiben nicht überlappen.
4. 2 Stunden bei 63 °C, dann ohne Dörrfolien mindestens weitere 12 Stunden bei 42 °C bis zur vollständigen Trocknung dörren.

SÜSSKARTOFFEL-RIEGEL

 25 Minuten

 ca. 12 Stunden

Für ca. 16 Stück

- 150 g Süßkartoffeln
- 150 g Mandeln
- 150 g getrocknete Aprikosen
- etwa 5 EL Kokosraspel
- ½ EL Zitronensaft
- ½ TL Zimt
- 1 TL Vanillepulver

1. Süßkartoffel schälen und klein schneiden. Zusammen mit den anderen Zutaten in die Küchenmaschine mit S-Messer geben und zu einer feinkörnigen und klebrigen Masse mixen.
2. Auf einer Dörrfolie auf eine Größe von 24 × 18 cm ausstreichen. Für ein sehr glattes Ergebnis eine zweite Dörrfolie auf den Teig legen und mit dem Nudelholz sanft glatt rollen.
3. Längs halbieren und von der kurzen Seite aus in 8 Streifen schneiden.
4. Etwa 12 Stunden bei 42 °C trocknen. Nach einigen Stunden wenden und ohne Dörrfolie weitertrocknen.

BROTCHIPS

 ca. 10 Minuten

 6–8 Stunden

Für etwa 20 Stück

- 180 g Mandeltrester
- 50 g goldene Leinsamen
- 1 EL schwarzer Sesam
- 2 EL Olivenöl
- 1 EL Apfelessig
- 1 EL Erdnussmus
- 1 TL Senf
- 1 TL Salz aus der Salzmühle
- jeweils ½ TL Zwiebel- und Knoblauchpulver ▶ Seite 208
- 4–5 EL Mandelmilch ▶ Seite 57

1. Alle Zutaten bis auf die Mandelmilch in eine Schüssel geben und mit den Händen gut verkneten.
2. So viel Mandelmilch dazugeben, bis der Teig seine gewünschte Konsistenz erreicht hat. Er sollte so trocken sein, dass man ihn gut zu einem Laib formen kann und feucht genug, so dass er nicht bricht.
3. Mit den Händen einen eher langen und flachen Laib formen und mit dem Brotmesser in möglichst dünne Scheiben schneiden.
4. Auf Dörrfolien platzieren. Insgesamt etwa 6 Stunden trocknen. Brotchips nach 2 Stunden wenden und ohne Dörrfolie weiterdörren, bis sie vollständig trocken sind.

Luftdicht aufbewahrt halten sich die Brotchips über Monate.

Tipp★

Wenn bei mir Trester anfällt, dann gibt's bei uns sehr oft Brotchips! Es ist so einfach zusammenzumischen, schnell fertig und superköstlich. Auch als Croûtons über Salat oder Suppen verwendbar.

ZUCCHINI-DILL-CHIPS

 ca. 20 Minuten

 mind. 12 Stunden

Für 2–4 Personen

250 g Zucchini

2 EL frischer Dill, fein gehackt (alternativ aus dem Tiefkühlfach)

1 TL Kala Namak

4 EL Cashewmus

etwas Wasser

1 Zucchini in dünne Scheiben hobeln und in eine Schüssel geben.

2 Aus den restlichen Zutaten eine Marinade herstellen. Dabei sparsam Wasser hinzufügen, damit sich die Zutaten gut verbinden, jedoch so wenig wie möglich.

3 Marinade zu den Zucchinischeiben geben und vorsichtig vermengen, so dass die Scheiben gut mit der Marinade benetzt sind.

4 So im Dörrofen auf Dörrfolien verteilen, dass die Scheiben nicht überlappen.

5 2 Stunden bei 63 °C dörren, dann mindestens weitere 10 Stunden bei 42 °C bis zur vollständigen Trocknung dörren. Die Dörrfolien entfernen, sobald die Zucchini trocken genug sind.

GRISSINI

 45 Minuten

 ca. 18 Stunden

Für ca. 13 Stück

- 130 g goldene Leinsamen
- 260 ml Wasser
- 150 g Sonnenblumenkerne, über Nacht eingeweicht
- 1 EL Kräuter der Provence
- 1 TL Knoblauchpulver
- ½ TL Salz
- jeweils 1 EL schwarzer und weißer Sesam

1. Leinsamen im Wasser 2 Stunden quellen lassen und dann in den Mixer geben.
2. Sonnenblumenkerne spülen und mit den Gewürzen dazugeben und zu einem zäh-schleimigen Teig mixen. Es darf ruhig grob bleiben. Ein Hochleistungsmixer ist hier von Vorteil.
3. Teig mit Hilfe eines Winkelmessers zu einem etwa 18 × 28 cm großen Rechteck ausstreichen. Daraus 2 cm breite Streifen schneiden. Diese jeweils mit den Händen zu Würsten rollen und rundherum mit dem Sesam bestreuen.
4. Auf Dörrfolien legen und 2 Stunden bei 63 °C und anschließend ohne Dörrfolien weitere 14 bis 16 Stunden bei 42 °C dörren. Zwischendurch die Konsistenz prüfen.

Die Grissini schmecken am besten frisch!

GEWÜRZE, KRÄUTER, GRÜNES PULVER

KRÄUTER TROCKNEN

Egal ob Wildkräuter wie Brennnesseln und Giersch oder Gewürzkräuter wie Salbei, Oregano und Pfefferminze, das Trocknen ist eine sehr gute Methode der Haltbarmachung. Getrocknete Kräuter lassen sich im Laufe des Jahres als Naturmedizin, Tee oder Gewürz, in einer selbst hergestellten Tinktur, als grünes Pulver für Smoothies, für Kräutersträuße oder zum Räuchern nutzen. Wer in der freien Natur sammeln geht, sollte die exakte Bestimmung der Pflanzen beherrschen. Sonst bitte nur Kräuter aus eigenem Anbau trocknen, die sicher identifiziert werden können. Es gibt nicht nur unter den Doldenblütlern giftige Verwechslungsgefahren! Zwischen Ernte und Verarbeitung sollte ein möglichst kurzer Zeitraum liegen, da grüne Blätter schnell an Qualität verlieren, wenn sie einmal geerntet sind.

 ca. 20 Minuten

 4–12 Stunden

Blattkräuter in gewünschter Menge, z. B. Brennnesseln, Giersch, Oregano, Stevia, Zitronenmelisse oder viele andere

1 Blattkräuter werden vor der Blüte geerntet, da sie durch die Blüte an Aroma und Wirkstoffen verlieren.

2 Unschöne oder verschmutzte Blätter aussortieren. Blätter werden vor dem Trocknen nicht gewaschen, der Standort der Ernte sollte insofern sauber sein.

3 Blätter vom Stiel entfernen, sofern es sinnvoll ist. Thymian oder Bohnenkraut werden beispielsweise mit Stiel getrocknet. Die Blätter so auf die Dörrgitter legen, dass sie nicht oder nur wenig übereinanderliegen.

Beim Trocknen von Kräutern gilt grundsätzlich, dass diese nicht über 35 °C getrocknet werden sollten, da sich sonst die ätherischen Öle verflüchtigen und die Kräuter an Aroma verlieren.

Die Trocknungszeit variiert je nach Kraut zwischen 4 Stunden (z. B. Thymian) und 12 Stunden (z. B. Salbei).

Die Trocknung ist abgeschlossen, wenn die Blätter spröde sind und sich zwischen den Fingern zerreiben lassen.

Tipp★

Für das Trocknen nicht gut geeignet sind meiner Erfahrung nach Bärlauch, Petersilie, Liebstöckel, Basilikum, Schnittlauch und Dill, da sie sehr viel ihres Aromas verlieren.

PULVER FÜR GRÜNE SMOOTHIES

Kräuter sammeln ist für mich eine der sinnlichsten Tätigkeiten in meinem Garten. Grünes Pulver aus Kräutern herzustellen ist einfach wunderbar! Ich stelle mir dann immer vor, wie ich das Pulver im Winter aus der Speisekammer hole und das hochwertige Grün in meinen Smoothies verarbeite. Und im Winter mache ich es dann genau so und erzähle meinen Kindern, dass sie die Sonne des Frühjahrs in ihrem Glas haben! Wenn ich sehe, wie teuer gekauftes grünes Pulver ist, bin ich jedes Mal wirklich schockiert. Ich bekomme es jedenfalls fast umsonst. Ich empfehle die Verwendung von milden Gemüsekräutern, die in größerer Menge zu verspeisen sind. Kräuter mit stärkerer Heilwirkung bzw. strengem oder intensivem Geschmack, die auch frisch nur in kleinen Mengen verzehrt werden, gehören nicht in ein grünes Pulver.

 ca. 30 Minuten

 12 Stunden

Brennnesseln, Giersch und Klettenlabkraut in ausreichender Menge

1. Kräuter auf die Dörrgitter geben. Sie dürfen locker geschichtet werden, jedoch nicht zu sehr. Am besten immer das ganze Dörrgerät füllen. Grüne Blätter verlieren stark an Volumen. Um genug Pulver für den Winter zu haben, muss also eine große Menge gedörrt werden!
2. Etwa 12 Stunden bei 35 °C trocknen. Hin und wieder kontrollieren und gegebenenfalls etwas umschichten.
3. Nach dem Trocknen in den Mixer geben und zu einem Pulver mahlen.

Da mir der Erhalt der Vitalstoffe bei grünem Pulver besonders wichtig ist, habe ich mir für diese Zwecke ein paar dunkle Apothekengläser zugelegt.

Bis zur nächsten Wildkräuter-Saison aufbrauchen.

BLÜTEN TROCKNEN

Sehr gerne trockne ich Lindenblüten und Holunderblüten, von denen wir sehr viele auf unserem Grundstück zur Verfügung haben. Diese Kombination ist ein schöner Wintertee, durch den wir uns an kalten Tagen an die Sonne des Sommers erinnern! Außerdem sammle ich auch die Blüten von Borretsch, Ringelblumen, Rosenblütenblätter und von einigen Küchenkräutern in meinem Garten wie Lavendel, Salbei oder Minze. Bitte nur volle und reife Blüten trocknen und nicht solche, die bereits welk werden!

je nach Blüte, aber insgesamt sehr wenig

 1–5 Stunden

Blüten in gewünschter Menge

1 Blüten in voll aufgeblühtem und trockenem Zustand ernten, am besten in der Mittagszeit. Je nach Sorte werden ganze Blüten, die Blütenköpfchen oder Strahlenblüten geerntet.

2 Anschließend gleich zum Trocknen geben. Bei 35 °C bis zur vollständigen Trocknung dörren.

Da Blüten in der Regel einen sehr geringen Wassergehalt haben, trocknen sie schnell und manche Blüten sind schon nach 1 Stunde getrocknet. Die meisten Blüten brauchen aus meiner Erfahrung nicht länger als 5 Stunden.

Ein paar Sorten im Überblick

▶ Holunderblüten: Ganze Dolden ernten und auch im Ganzen trocknen. Erst nach dem Trocknen werden die Blüten vorsichtig von den Dolden gestrichen.

▶ Lavendel: Einen Teil des Stieles miternten und mittrocknen. Nach dem Trocknen die Röhrenblüten von den Stielen reiben.

▶ Ringelblumen: Vollständig geöffnete Blüten – entweder die Zungenblüten abzupfen und dann trocknen oder zusammen mit dem Kelch, was die Trocknung entsprechend verlangsamt. Für Tinkturen oder Bestandteil in selbst hergestellten Kräutertees.

▶ Rosenblüten: Rosenblüten einzeln abzupfen – auf dem Dörrgitter nicht überlappend platzieren und bis zur vollständigen Trocknung dehydrieren. Ich empfehle euch das Rezept für Rosenzucker ▶ auf Seite 215.

PILZE TROCKNEN

Obwohl Pilze einen hohen Wassergehalt von 90 bis 95 % haben, lassen sie sich sehr gut trocknen. Pilze zu trocknen lohnt sich! Getrocknete Pilze oder besser noch Pilzpulver zaubert einen wunderbaren Umami-Geschmack in die Speisen. Umami ist neben süß, sauer, bitter und salzig der fünfte Geschmack, der durch die in Nahrungsmitteln natürlich vorkommende Glutaminsäure hervorgerufen wird. Umami ist herzhaft, befriedigend und reduziert die Lust auf Salziges und Zucker. Übrigens bringen auch Tomaten und deren getrocknete Varianten einen Umami-Geschmack, weshalb Tomatenmark und Ketchup so beliebte Würzmittel sind.

 ca. 20 Minuten

 ca. 12 Stunden

Pilze in gewünschter Menge, z. B. Champignons, Austernpilze oder Shiitake

1 Pilze kontrollieren. Nur unbeschädigte und saubere Pilze verwenden. Pilze nicht waschen, da sie dadurch ihr Aroma verlieren und unnötig Wasser aufnehmen. Pilze können mit Küchenpapier geputzt werden.

2 Pilze, je nach Größe der verwendeten Sorte, in 3 bis 5 mm dicke Scheiben schneiden und nebeneinander, nicht überlappend, auf das Dörrgitter legen. Bei 42 °C etwa 12 Stunden trocknen.

Luftdicht, trocken und vor Licht geschützt aufbewahren oder direkt zu Pilzpulver vermahlen und im Gewürzregal lagern.

Aus 1 kg Pilzen entsteht etwa 100 g Pilzpulver.

Allgemein gilt, dass Zuchtpilze aus Kulturen wie Champignons, Austernpilze, Kräuterseitlinge oder Shiitake ohne Probleme roh verzehrt werden können. Es gibt eine breite Diskussion über den rohen Verzehr von Pilzen aus Wildsammlung. Vor allem bei Waldpilzen wird häufig vor Fuchsbandwurm und auch vor einer möglichen Schwermetallbelastung gewarnt.

ZWIEBELN TROCKNEN

„Was trocknest du denn am häufigsten, Ute?"
„Zwiebeln!"
Tatsächlich liebe ich getrocknete Zwiebeln als Würze für all meine pikanten Gerichte, für Salatdressings oder meinen Lieblingsaufstrich, den Zwiebelschmelz ▸ Seite 120. Sobald ich bemerke, dass sich mein großes Bügelglas mit den getrockneten Zwiebeln dem Ende neigt, mache ich eine neue Charge und fülle den Dörrofen von oben bis unten mit Zwiebeln. Ich trockne sie in dünnen Ringen und verarbeite sie nach Bedarf weiter, indem ich sie fein hacke oder pulverisiere. Kein Zwiebelpulver aus dem Handel ist vergleichbar mit einem selbst gemachten Zwiebelpulver!

 ca. 5 Minuten pro Zwiebel

 ca. 12 Stunden

Zwiebeln in gewünschter Menge

1 Zwiebeln von der Schale entfernen, auch die braun gefärbten Schalenteile der inneren Schicht.

2 Mit einem Gemüsehobel in maximal 5 mm dicke Scheiben schneiden.

3 Zwiebelringe sofort locker auf die Dörrfolie legen. Sie dürfen leicht geschichtet sein. Bei 42 °C etwa 12 Stunden trocknen.

Wichtig ist, die Zwiebeln zeitig zu wenden und aufzulockern und danach ohne Dörrfolie weiterzudörren. Ansonsten können die Zwiebelringe verkleben.

KARAMELLISIERTE ZWIEBELRINGE

 20 Minuten

 ca. 12 Stunden

Für einen kleinen Vorrat

- 350 g Zwiebeln
- 80 g weiche Datteln
- 5 EL Sojasauce
- 3 EL Olivenöl
- 125 ml Wasser
- 3–4 EL goldene Leinsamen, gemahlen

1 Zwiebeln schälen und in etwa 3 mm dicke Scheiben schneiden oder hobeln und in eine Schüssel geben.

2 Datteln, Sojasauce, Olivenöl und Wasser im Mixer glatt mixen und zu den Zwiebeln geben. Mit dem Händen alles schön vermischen. Dabei die einzelnen Zwiebelringe voneinander lösen.

3 Zum Schluss gemahlene Leinsamen dazugeben und noch einmal mit den Händen gleichmäßig untermischen.

4 Auf einer Dörrfolie gleichmäßig verteilen und insgesamt etwa 12 Stunden bei 42 °C dörren. Nach 3½ Stunden wenden und ohne Dörrfolie weiterdörren.

In einem Bügelglas aufbewahren.
Mein Lieblings-Topping für Salate!

ZITRUSSCHALEN SELBST TROCKNEN

 ca. 20 Minuten

 ca. 12 Stunden

Bio-Zitronen nach Wahl

Bio-Orangen nach Wahl

1 Die Schale der Orangen oder Zitronen mit einem scharfen, schmalen Messer schälen. Alternativ eine Reibe oder einen Zestenschneider verwenden. Da die weiße Innenschale etwas bitter schmeckt, diese möglichst wenig mit abschälen.

2 Auf einem Dörrgitter verteilen und bei 42 °C etwa 12 Stunden dörren.

Ganz durchgetrocknet lassen sich die Schalen entweder so aufbewahren oder man mahlt sie zu einem fein aromatischen Zitruspulver.

Tipp★

Ich liebe Orangen- und Zitronenpulver sehr und nutze es in meiner Küche oft und regelmäßig, vor allem in meinen Süßspeisen, aber auch in Salatdressings. Wer wie ich jeden Morgen ein großes Glas gefiltertes Wasser mit frisch gepresstem Zitronensaft trinkt, der muss sich um seine Zitronenpulvervorräte keine Gedanken machen!

CHILIS TROCKNEN

 ca. 20 Minuten

 ca. 12 Stunden

Chilischoten (z. B. Jalapeño) in gewünschter Menge

Für die Zubereitung bitte Küchenhandschuhe verwenden! Die Schärfe der Chilis (Capsaicin) ist nicht zu unterschätzen!

1 Die Chilis werden in kaltem Wasser gründlich gewaschen und anschließend mit einem Küchenhandtuch sanft abgetupft.

2 Den Stiel entfernen. Anschließend die Chilis längs aufschneiden und aufklappen. Die Kerne sowie die Plazenta rund um die Kerne sind die schärfsten Bestandteile der Frucht. Entweder man entfernt beide komplett oder man trocknet sie getrennt voneinander, so dass man am Ende 2 verschiedene Gewürze bekommt.

3 Die Chilis auf ein Dörrgitter legen und bei 42 °C etwa 12 Stunden dörren. Die tatsächliche Dauer hängt selbstverständlich von der gewählten Sorte ab, daher den Trockenvorgang kontrollieren. Wenn die Schoten leicht zerbröseln, sind sie gut getrocknet.

4 Die getrockneten Chilis können nun entweder im Mörser zerstoßen (Chiliflocken), in einem Mixer / Zerkleinerer oder in einer elektrischen Kaffeemühle gemahlen werden (Chilipulver).

Getrocknete Chilis sollten wie alle Gewürze trocken, dunkel und wenn möglich luftdicht gelagert werden.

Verschiedene Chilisorten

▶ Während dünnfleischige Chilis wie Cayenne oder Tabasco bei geeignetem Klima an der Luft getrocknet werden können, sollte man dickfleischige Sorten im Dörrofen trocknen. Dazu gehören z. B. Caribbean Red, Habanero, Jalapeño oder Peperoni.

PUL BIBER – TÜRKISCHES DÖNERGEWÜRZ

 ca. 20 Minuten

 ca. 8 Stunden

- 2 rote Jalapeñoschoten
- 1 EL getrockneter Oregano
- ½ EL Salz
- wenige Tropfen Sonnenblumenöl
- 25 g Chiliflocken in gewünschtem Schärfegrad
- 1 EL Paprikapulver edelsüß

1. Die Chilis vorbereiten ▶ Seite 210. Die Kerne sowie die Plazenta rund um die Kerne entfernen. Chilischote in kleine Stücke oder Streifen schneiden.
2. Die Chilis auf einem Dörrgitter auslegen und bei 42 °C etwa 12 Stunden dörren. Darauf achten, dass die Chilis wirklich trocken sind. Wenn die Schoten leicht zerbröseln, sind sie gut getrocknet.
3. Nun getrocknete Jalapeño, Oregano und Salz in einem Mörser fein vermahlen. Hin und wieder einen Tropfen Sonnenblumenöl dazugeben. Die Mischung darf nicht zu feucht werden. In eine Schüssel füllen.
4. Chiliflocken und Paprikapulver zugeben, alles gut vermischen. Pul Biber sollte einen leichten seidenen Glanz haben.
5. In Gläsern mit Schraubverschluss abfüllen und an einem kühlen, trockenen und dunklen Ort lagern.

Das Pul Biber hält etwa 12 Wochen.

PAPRIKAPULVER

 ca. 15 Minuten

 bis zu 24 Stunden

- Spitzpaprikaschoten in gewünschter Menge

1. Paprikaschonten halbieren, den Stiel und das Innere entfernen. Je dünnfleischiger die Paprika ist, desto besser eignet sie sich für die Trocknung. Deshalb verwende ich Spitzpaprika.
2. Je nach Paprika bei 42 °C bis zu 24 Stunden trocknen. Es bietet sich an, diese gemeinsam mit Tomaten zu dörren, die ebenfalls sehr lange brauchen. Alternativ bei 63 °C dörren.
3. Für das Pulver muss die Paprika sehr trocken sein. Getrocknete Paprika mit Hilfe einer Schere in Stücke schneiden und im Mixer oder Personal Blender zu Pulver verarbeiten. In kleine Schraubgläser abfüllen.

Tipp★

Die Qualität des Pulvers hängt vom Aroma der Paprika ab. Saisonal und biologisch einkaufen!

DAS EIGENE KRÄUTERSALZ

 ca. 30 Minuten mit einem Mörser

 ca. 5–6 Stunden

- 60 g grobes Himalayasalz
- 1 Handvoll frische Kräuter (z. B. ein Mix aus Majoran, Thymian, Oregano, Rosmarin, etwas Salbei und ein paar Lavendelblüten)
- ½ Knoblauchzehe
- 15 schwarze Pfefferkörner

1. Alle Zutaten in einen Mörser geben und solange mörsern, bis eine schöne feine Masse entstanden ist.
2. Das Salz gleichmäßig auf eine Dörrfolie verteilen und bei 35 °C über Nacht trocknen.
3. Es entstehen dabei festere Platten, die nach vollständiger Trocknung im Mixer noch einmal zu gewünschter Konsistenz gemahlen, gemörsert oder gehäckselt werden.
4. Luftdicht in Gläser abfüllen und zu den Gewürzen stellen oder verschenken.

Tipp★

Du kannst das Salz an einem sonnigen Sommertag auch draußen trocknen. Dafür ein Backblech mit Backpapier auslegen und das Salz darauf legen und an einem geschützten, windstillen Ort in die Sonne stellen. Im Winter nimmst du ganz einfach getrocknete Kräuter für dein Kräutersalz.

ROSENZUCKER

 ca. 10 Minuten

 ca. 5–6 Stunden

Variante 1 mit frischen Blüten:

50 g frische Rosenblüten

150 g Kokosblütenzucker

Variante 2 mit getrockneten Blüten:

150 g Kokosblütenzucker

1 Handvoll getrocknete Rosenblütenblätter

VARIANTE 1:

1 Blütenblätter an einem sonnigen Tag am späten Vormittag pflücken, wenn sie in ihrer vollen Kraft stehen. Keine bereits welkenden Blütenblätter verwenden. Kontrollieren und eventuell kleine Insekten in die Freiheit entlassen.

2 Kokosblütenzucker in eine Schüssel füllen und Rosenblütenblätter dazugeben.

3 Mit den Händen richtig schön einmassieren, so dass der Zucker das Wasser der Blüten aufnehmen kann.

4 Auf eine Dörrfolie gleichmäßig verteilen und im Dörrofen bei 35 °C etwa 5 bis 6 Stunden vollständig trocknen.

5 Es entstehen dabei feste Platten. Diese anschließend fein häckseln, mörsern oder mahlen – je nachdem welche Konsistenz gewünscht ist. Ich mag es eher grob, so dass die Rosenblüten noch zu sehen sind.

VARIANTE 2:

1 Kokosblütenzucker mit den getrockneten Rosenblütenblättern grob häckseln.

2 Die Zuckermischung in ein luftdichtes Glas füllen und etwa 2 Wochen stehen lassen. Dabei immer mal wieder etwas schütteln.

Tipp★

Nur ungespritzte und aromatische Rosenblüten verwenden! Dieser Zucker lässt sich selbstverständlich auch mit anderen Kräutern oder Blüten herstellen, z. B. mit Rosmarin, Salbei, Lavendel oder Pfefferminze.

Aus frischen oder getrockneten Rosenblättern

▶ Um Rosenzucker herzustellen gibt es zwei Möglichkeiten. Entweder mit frischen Rosenblättern oder mit getrockneten Rosenblättern. Mehr Aroma bekommt der Rosenzucker meiner Erfahrung nach, wenn mit frischen Rosenblättern gearbeitet wird. Das ist natürlich stark saisonabhängig und nur zur Zeit der Rosenblüte möglich. Alternativ also getrocknete Rosenblätter verwenden. Wie du Blüten trocknest, zeige ich ▶ auf Seite 206. Selbstverständlich verwende ich keinen weißen Haushaltszucker, sondern Kokosblütenzucker. Da dieser dunkler ist, wirst du auf den Pink-Effekt verzichten müssen, allerdings finde ich, dass der braune Rosenzucker ursprünglicher und irgendwie romantisch aussieht! Verwendung findet Rosenzucker in meiner Küche in Gebäck, als Topping für Desserts und Kuchen, in Kräutertee oder in Salatdressings.

GEMÜSEBRÜHE SELBER MACHEN

 ca. 20 Minuten

 ca. 12–15 Stunden

300 g Zwiebeln
80 g Lauch
250 g Möhren
200 g Knollensellerie
½ Bund glatte Petersilie
120 g Salz

1. Alle Zutaten gründlich waschen und gut abtrocknen. Eventuell schlechte Stellen entfernen. Nun entweder in feine Stücke schneiden und mit dem Salz mischen oder praktischerweise in der Küchenmaschine mit S-Messer grobkörnig häckseln.
2. Auf eine Dörrfolie geben und gleichmäßig darauf verteilen.
3. Im Dörrofen bei 42 °C etwa 12 bis 15 Stunden trocknen. Die erste Stunde kannst du die Temperatur auf 63 °C stellen.
4. Das Gemüse muss wirklich vollständig trocken sein, damit das Pulver später nicht schimmelt! Insofern lieber etwas zu lang als zu kurz dörren.
5. Wenn das Gemüse-Salz-Gemisch trocken ist, sind daraus grobe Platten entstanden. Diese zerbröseln und im Mixer fein mahlen. (Auf dem Bild siehst du den Zustand vor dem Vermahlen.)

Tipp★

Diese Gemüsebrühe kann man in unendlich vielen verschiedenen Variationen herstellen und der Kreativität sind dabei keine Grenzen gesetzt. Ich finde es sehr edel, einige Gläser selbst gemachter Gemüsebrühe im Küchenregal stehen zu haben und je nach Gericht auszuwählen. Als Wildkräuter-Liebhaberin füge ich im Frühjahr gerne Giersch oder Brennnessel hinzu. Auch eignen sich Küchenkräuter wie Schnittlauch, Liebstöckel oder Majoran sehr gut als Zutat. Du kannst auch Reste wie Kohlrabischalen, Kohlstrünke oder Möhrengrün mit verarbeiten!

Gemüse-
Brühe

FEIERN RUND UM DAS JAHR

MOHNZOPF

 ca. 30 Minuten

 4–5 Stunden

Für 3–4 Zöpfe

- 200 g Mandeltrester
- 75 g Leinsamen, gemahlen
- 100 g Sonnenblumenkerne, gemahlen
- 2 EL Mohn, gemahlen
- 1 EL Sesam, gemahlen
- 200 ml Mandelmilch ▸ Seite 57
- 1 EL Zitronensaft
- 1 EL Flohsamenschalen, gemahlen
- zusätzlich Mohn zum Bestreuen

1 Alle Zutaten in eine Schüssel geben und gut miteinander verkneten. Den Teig in 3 bis 4 Portionen teilen. Diese wiederum teilen und zu langen Strängen rollen.

2 Immer 2 Stränge vorsichtig miteinander verdrehen. Mit Mohn bestreuen und sanft hineindrücken.

3 Im Dörrofen bei 42 °C 4 bis 5 Stunden dörren und direkt verspeisen. Alternativ aus dem gesamten Teig einen Laib formen und diesen in Scheiben schneiden. Die Scheiben etwa 4 bis 5 Stunden oder bis zur vollständigen Trocknung dörren.

Die Mohnzöpfe sind nicht für eine längere Aufbewahrung geeignet.

BUNTE CUPCAKES

 ca. 50 Minuten

 ca. 12 Stunden

Für 12 Stück

Teig:

- 350 g Buchweizenmehl
- 150 g goldene Leinsamen, gemahlen
- 250 g Möhren
- 250 g Rote Bete
- 200 g Cashews, 2 Stunden eingeweicht
- 250 g weiche Datteln
- 4 EL Ahornsirup
- 250 ml Wasser

Creme:

- 70 g Möhren
- 70 g Rote Bete
- 300 g Cashews, 2 Stunden eingeweicht
- 250 ml Mandelmilch ▶ Seite 57
- 6 EL Ahornsirup
- 2 TL Vanillepulver
- 2 TL Rosenwasser
- 160 g weiches Kokosmus

1. Buchweizenmehl und Leinsamen in einer Schüssel vermengen und jeweils 250 g der Mischung in separate Schüsseln geben.
2. Möhren und Rote Bete klein raspeln und getrennt voneinander zur Seite stellen.
3. Zunächst geraspelte Möhren in den Mixer geben. Mit 100 g Cashews, 125 g Datteln, 2 EL Ahornsirup und 125 ml Wasser auffüllen. Alles schön glatt mixen und in eine der Schüsseln mit der Mehlmischung geben. Zu einem glatten Teig rühren und stehen lassen. Anschließend mit der Roten Bete auf die gleiche Art und Weise verfahren.
4. Mit den Händen jeweils 6 Cupcakes à 65 g formen. Auf Dörrfolien platzieren und etwa 12 Stunden dörren. Nach etwa 3 Stunden wenden und ohne Dörrfolie weiterdörren.
5. Ist der Dörrprozess beendet, die Cremes herstellen. Dafür Möhren und Rote Bete raspeln. Zur Seite stellen. Aus Möhren und Roter Bete wieder jeweils eine Farbe aus der Hälfte der angegebenen Zutaten herstellen.
6. Nacheinander jeweils 150 g Cashews, 125 ml Mandelmilch, 3 EL Ahornsirup, 1 TL Vanillepulver, 1 TL Rosenwasser mit Möhre oder Rote Bete mixen. Erst zum Schluss jeweils 80 g weiches Kokosmus dazugeben und noch einmal mixen.
7. Die Cremes im Kühlschrank etwa 30 bis 45 Minuten so fest werden lassen, dass sie sich gut spritzen lassen. In Spritzbeutel füllen und die Cupcakes vervollständigen.

Tipp★

Mit getrockneten Früchten oder Blüten garnieren. Kokosraspel oder Kakaonibs sind ebenfalls eine sehr schöne Dekoration. Wie auf dem Bild zu sehen ist, eignen sich auch Blütenpollen für die hellen Cupcakes sehr gut!

GEMÜSESPIESSE

 ca. 15 Minuten

 10 Stunden

Für 12 Stück

- 200 g mittelgroße Champignons
- 1 Paprika
- 1 Zucchini
- 3 EL Olivenöl
- 3 EL Wasser
- 1 EL weißes Mandelmus
- 2 EL Sojasauce
- 2 TL Paprikapulver edelsüß
- 1 TL Kreuzkümmel
- ½ TL Thymian
- 1 TL Kräuter de Provence
- 1 TL Salz
- 1 Knoblauchzehe

1. Die drei Gemüsesorten jeweils in mittelgroße Stücke schneiden und in eine Schüssel geben.
2. In einer zweiten Schüssel die Marinade zubereiten. Dazu Olivenöl, Wasser, Mandelmus und Sojasauce mit den Gewürzen mischen. Zum Schluss die Knoblauchzehe durch eine Presse drücken und ebenfalls unterrühren.
3. Die Marinade über das Gemüse geben und mit den Händen verteilen, so dass die Gemüsestücke von allen Seiten benetzt sind.
4. Auf Gemüsespieße fädeln und auf einer Dörrfolie platzieren. Etwa 10 Stunden bei 42 °C dörren.

Tipp★

Diese Spieße sind wirklich der absolute Hit und ich liebe sie nicht nur auf Sommerpartys. Sie sind so schnell zubereitet und peppen jede Salatmahlzeit auf!

GEFÜLLTE KÄSETASCHEN

 ca. 1 Stunde
Fermentierzeit:
12 Stunden

 2–3 Stunden

Für ca. 20 Stück

Füllung:

- 100 g Macadamianüsse, 2 Stunden eingeweicht
- 150 ml Wasser
- 2 Kapseln probiotisches Pulver
- 1 EL Zitronensaft
- 1 EL Hefeflocken
- ½ TL Salz
- 1 EL frischer Dill, fein gehackt

Teig:

- 400 g Mandeln
- 120 g goldene Leinsamen, gemahlen
- 60 ml Wasser
- etwas Salz

Bitte hygienisch arbeiten!

1 Für die Füllung die Macadamianüsse abspülen und mit 150 ml frischem Wasser zu einer vollständig konsistenten Masse mixen. Darauf achten, dass die Masse nicht zu stark erhitzt. Die Kapseln mit dem probiotischem Pulver öffnen, den Inhalt hinzugeben und noch einmal kurz mixen.

2 Die Masse in einen Nussmilchbeutel füllen. Ein großes Haushaltssieb in eine Schüssel hängen und den Nussmilchbeutel in das Sieb legen. Verschließen und beschweren. An einem warmen Ort 12 Stunden fermentieren lassen.

3 Nach der Fermentation den fertigen Quark in eine Schüssel geben. Restliche Zutaten dazugeben und miteinander verrühren. Kühl stellen.

4 Für den Teig die Mandeln zu Mehl mahlen. Mit den gemahlenen Leinsamen, Wasser und Salz mit den Händen zu einem glatten Teig verarbeiten.

5 Portionsweise mit dem Nudelholz zwischen 2 Dörrfolien maximal 1 cm dick ausrollen. Mit einem Servierring Kreise ausstechen. Diese vorsichtig mit den Fingern etwas vergrößern. Achtsam arbeiten, damit der Teig nicht bricht.

6 Kleine Portionen der Füllung in die Mitte der Kreise geben, vorsichtig verschließen und die Ränder mit der Gabel etwas zusammendrücken.

7 Im Dörrofen etwa 2 bis 3 Stunden dörren. Der Teig darf ruhig leicht reißen, so sieht es noch echter aus!

Tipp★

Wem die Arbeit zu filigran ist, der stellt einfach größere Taschen her. Auch lassen sich die Kreise mit der Füllung bestreichen, ohne sie zu verschließen.

11
23

LEBKUCHEN

 ca. 40 Minuten

Für ca. 16 Stück

- 250 g Datteln
- 200 g getrocknete Feigen
- 300 g gemahlene Erdmandeln
- 1 EL Flohsamenschalen, gemahlen
- 1 TL Zitronenpulver ▶ Seite 209
- 1 TL Ingwerpulver
- 1 TL Lebkuchengewürz
- Schokoladenglasur ▶ Seite 168

1. Die Datteln und Feigen über Nacht einweichen.
2. Datteln und Feigen abgießen und im Mixer zu einer homogenen Masse mixen. Die Masse in eine Schüssel füllen und mit den gemahlenen Erdmandeln, gemahlenen Flohsamenschalen sowie den Gewürzen gut kneten, bis eine feste, nur noch wenig klebrige Masse entsteht.
3. Den Teig mit den Händen zunächst zu kleinen Kugeln formen und anschließend in Lebkuchenform bringen. Ein Lebkuchen wird aus 55 g Teig hergestellt. Der Durchmesser beträgt etwa 7 cm.
4. Auf eine Dörrfolie legen und bei 42 °C 12 bis 14 Stunden dörren, dabei etwa nach 2 bis 3 Stunden wenden und ohne Dörrfolien weitertrocknen.
5. Sind die Lebkuchen fertig, mit der oberen Seite in Schokoladenglasur ▶ Seite 168 tunken und im Kühlschrank fest werden lassen.

Tipp★

Die Lebkuchen lassen sich prima einfrieren und können frühzeitig für die Weihnachtszeit vorbereitet werden!

VANILLEKIPFERL

 ca. 20–30 Minuten

 12 Stunden

Für ca. 20 Stück

250 g geschälte Mandeln

5–6 EL heller Agavendicksaft

1 TL Vanillepulver

etwas Xylit als Puderzucker-Ersatz

1 Die Mandeln im Mixer zu Mehl verarbeiten. Dabei ruhig etwas länger mixen, so dass das Mehl leicht pappt. In eine Schüssel füllen.

2 Den Agavendicksaft und das Vanillepulver hinzufügen und mit der Hand einen geschmeidigen Teig kneten.

3 Mit den Händen zu Vanillekipferln formen und im Dörrofen 12 Stunden bei 42 °C dörren. Die Kipferl werden außen etwas fest und innen sind sie noch schön fluffig!

Excalibur

STOLLEN

für diesen Stollen sind an mehreren Tagen jeweils kleinere Zubereitungsschritte nötig

4–5 Stunden

Für 1 Stollen

- 300 g Dinkel
- 50 g Datteln
- 50 g Aprikosen
- 50 g Rosinen
- 50 g getrocknete Feigen
- jeweils 1 Msp. Zimt, Anis, Koriander, Kardamom, Nelkenpulver und Vanillepulver
- 1 Banane
- 3 EL Flohsamenschalen, gemahlen
- 1–2 EL selbst gemachtes Orangeat (alternativ abgeriebene Orangenschale)

1 Den Dinkel ankeimen lassen ▶ Seite 32. Mindestens jedoch über Nacht einweichen, wenn der Stollen last Minute zubereitet werden soll!

2 Die Datteln, Aprikosen, Rosinen und Feigen mit den Gewürzen in einer Küchenmaschine mit S-Messer grob zerkleinern. Zur Seite stellen.

3 Banane in groben Stücken in den Mixer geben und mit dem gekeimten Dinkel zu einem Brei mixen. In eine Schüssel geben und mit den Trockenfrüchten, den Flohsamenschalen und dem Orangeat zu einem Teig verrühren. Mindestens ½ Stunde ziehen lassen, so dass die Flohsamenschalen quellen können.

4 Zu einem Laib formen und in Klarsichtfolie verpacken. Ich lasse den Teig über Nacht im Kühlschrank ziehen, so dass sich alles schön setzt und der Teig durchziehen kann.

5 Am nächsten Tag in Scheiben gewünschter Dicke schneiden und etwa 4 bis 5 Stunden bei 42 °C trocknen.

Orangeat selber machen

▶ Ich liebe selbst gemachtes Orangeat! Dazu die Schale einer halben Orange in orangeatgroße Würfel schneiden und mit 2 EL Ahornsirup oder einer anderen Süße in einem Glas eine Nacht ziehen lassen.

SERVICE

ZUM STÖBERN

Blog der Autorin mit vielen weiteren Rezepten:
www.nordischroh.com

Viele Produkte in Rohkostqualität:
www.prohviant.de

Dörrgeräte und Mixer:
www.keimling.de

Probiotisches Pulver:
Acidophilus & Rhamnosus
von der Firma Lifeplan,
beziehbar über Amazon

Erdmandelmehl:
Von der Firma Erdmarie,
beziehbar über www.raw-living.de

Rohe Haferflocken & Pistazien:
Von der Firma Keimling,
beziehbar über www.keimling.de

Hanfprodukte (Hanfsamen und Hanfprotein):
www.hanf-natur.com

Thermospatel:
Firma Silikomart, beziehbar über Amazon

Riegelform:
Riegel Backform 8 × 3 cm Silikon,
beziehbar über www.hobbybecker.de

Donutform:
Silikomart Backform „Donuts“ (Ø 7,5 cm),
beziehbar über www.meincupcake.de

Nussmilchbeutel:
www.prohviant.de

Große und kleine Emaille-Schüsseln:
Firma Krüger, beziehbar über Amazon

Mandelmus:
Rohkost-Bio-Mandelpüree, Firma Soyana

DIE AUTORIN

Ute Ludwig, Diplom-Soziologin, Bloggerin und Ernährungsberaterin, geboren 1983 in Ostfriesland, begann sich in ihrer Studienzeit mit der Rohkost-Ernährung zu beschäftigen. Gemeinsam mit ihrem Mann gründete sie den Blog „Nordisch Roh“, um anderen Menschen ihren Lebensstil auf undogmatische Weise zu vermitteln. Ute absolvierte eine Ausbildung zur Ernährungsberaterin mit Schwerpunkt Rohkost und bildete sich in diversen Workshops weiter. Seit 2015 gibt sie selbst praxisnahe Workshops zu den Themen naturbelassene Ernährung, Heilkost und Entgiftung.

MAKING-OF

REZEPTE UND MEHR SCHNELL NACHGESCHLAGEN

BILDQUELLEN

Alle Fotos und das Titelfoto stammen von Anna-Lena Holm (www.annalenaholm.com).

IMPRESSUM

Bibliografische Information der Deutschen Nationalbibliothek
Die Deutsche Nationalbibliothek verzeichnet diese Publikation in der Deutschen Nationalbibliografie; detaillierte bibliografische Daten sind im Internet über http://dnb.d-nb.de abrufbar.

Wollgrasweg 41, 70599 Stuttgart (Hohenheim)
E-Mail: info@ulmer.de
Internet: www.ulmer.de
Konzept: Christine Hutschenreuther
Lektorat: Lisa Seibel, Anja Fleischhauer
Herstellung: Silke Reuter
Umschlag-Konzeption: Ruska, Martín, Associates GmbH, Berlin
Umschlag-Gestaltung, Layout und Satz: Antje Warnecke, nordendesign.de
Reproduktion: timeRay Visualisierungen, Jettingen
Druck und Bindung: Pustet, Regensburg
Printed in Germany

ISBN 978-3-8186-0372-4